Eberhard Hermes

# Abiturwissen

# Erzählende Prosa



Ernst Klett Verlag für Wissen und Bildung
Stuttgart · Dresden

Die Deutsche Bibliothek – CIP-Einheitsaufnahme

**Hermes, Eberhard:**
Abiturwissen erzählende Prosa / Eberhard Hermes. –
5. Aufl. – Stuttgart; Dresden: Klett, Verlag für Wissen und Bildung, 1992
ISBN 3-12-929504-6

Gedruckt auf Recyclingpapier, hergestellt aus 100% Altpapier

5. Auflage 1992

Gesamtherstellung: Wilhelm Röck, Weinsberg. Printed in Germany.
ISBN 3-12-929504-6

## Inhaltsverzeichnis

# Zu diesem Buch

Dieses Buch soll dem Leser, der sich – vor allem im Rahmen einer Prüfungsvorbereitung – lesend, verstehend, interpretierend und untersuchend mit erzählenden Texten zu beschäftigen hat, die nötige Hilfe geben. Diese ist nicht schon dadurch zu leisten, daß man ‚Faktenwissen' zur Verfügung stellt („Wer war Goethe? Was hat er geschrieben? Was steht da drin?"). Der Leser benötigt vielmehr ein ‚Verfahrenswissen', das ihm erlaubt, an einen Text die richtigen Fragen zu stellen. Solche Fragen kann man stellen, wenn man weiß, wonach man fragen muß, um einen Text zu erschließen, und wonach man darüber hinaus fragen kann, wenn man eine spezielle Untersuchung vorhat, wie sie in mancher Aufgabenstellung gefordert wird. Da ein ‚Verfahrenswissen' nur vorgeführt werden kann, indem man zeigt, wie man mit ihm arbeitet, enthält das Buch zahlreiche Beispiele aus der Literatur. Diese Beispiele werden unter der Fragestellung, die der Gegenstand des betreffenden Abschnitts ist, interpretiert.

Die Kategorien, welche angeben, wonach man fragen soll und fragen kann, bilden untereinander einen Zusammenhang. Dieser entspricht der wechselseitigen Abhängigkeit (Interdependenz) der verschiedenen Strukturelemente des Textes, die wir mit jenen Kategorien bezeichnen. Daher läßt sich der Aufbau unseres Buches – wie das in der Graphik auf S. 6 geschieht – als ein System von Fragen darstellen, dessen Kenntnis den Leser davor bewahren kann, bei der Arbeit an Erzähltexten wichtige Gesichtspunkte zu vergessen.

## Die gegenseitige Abhängigkeit (Interdependenz) der Strukturelemente erzählender Texte

| | | | |
|---|---|---|---|
| **I. Welches Geschehen liegt zugrunde? Ebene des Geschehens** | | | |
| 1. Ereignisse | 2. Personen | 3. Zeitumstände | 4. Örtlichkeiten |
| **II. Welche Geschichte ist daraus entstanden? Ebene der Geschichte** | | | |
| 1. Begebenheiten Handlungen | 2. Personen und ihre Beziehungen | 3. Zeitausschnitt Zeitdauer | 4. Schauplätze |
| **Wie wird die Geschichte erzählt? Ebene des Textes** | | | |
| 1. Darstellung der Ereignisse und Handlungen | 2. Charakterisierung der Personen und Beziehungen | 3. Raffung, Dehnung, Auslassungen | 4. Schilderung der Schauplätze, Bedeutungszuweisungen |
| **III. Wie ist der Wirklichkeitsbezug des Textes? Frage der Fiktionalität** | | | |
| **IV. Aus welcher Perspektive wird erzählt? Verhältnis von Autor, Erzähler und Leser als Textgröße** | | | |
| **V. Wie ist die Zeit im Text gestaltet? Verhältnis von Erzählzeit zu erzählter Zeit** | | | |
| **VI. Wie ist der Raum im Text gestaltet? Funktion des erzählten Raumes im Bedeutungsgefüge des Textes** | | | |
| **VII. Wie sind die Figuren dargestellt? Wie handeln, was erleiden sie? Personenkonstellation und Handlungsgefüge** | | | |
| **VIII. Mit welchen darstellerischen Mitteln wird erzählt? Verhältnis von Erzählerbericht und Personenrede** | | | |
| **IX. Wie ist die Erzählung aufgebaut? Frage nach der Komposition und den kompositorischen Mitteln** | | | |
| **X. Welche sprachliche Ausgestaltung hat der Text erfahren? Mit welchen Stilmitteln wird erzählt?** | | | |
| **XI. Wie prägen sich Merkmale der literarischen Gattung im Text aus? In welcher Weise zeigen sich Abhängigkeit oder Unabhängigkeit von der Epoche?** | | | |

# 1. Die Ebenen erzählender Texte

Bei der Erschließung erzählender Texte sind mehrere Ebenen zu unterscheiden. Vor sich hat der Leser nur den Text, der eine Geschichte in bestimmter Weise erzählt, d. h. eine bestimmte Sprachform (Gliederung, Satzbau, Wortwahl) zeigt und die Figuren, Handlungen und Ereignisse in eine bestimmte Perspektive rückt. Der Text stellt den Vorgang des Erzählens dar, von dem die Untersuchung zum Erzählten fortschreiten, d. h. danach fragen kann, wie die Geschichte zustande gekommen ist. Dabei ist grundsätzlich der Stoffzusammenhang der erzählten Geschehnisse von dem Sinnzusammenhang ihrer Auswahl, Anordnung und Verknüpfung zu unterscheiden. Denn wir fassen Geschehnisse, die wir erleben, von denen wir erfahren oder die in unserer Phantasie auftauchen, immer mit Hilfe von Konzepten auf, die jenen Geschehnissen einen bestimmten Sinn verleihen. Dieser Sinn bedingt den zeitlichen Ausschnitt, der aus der Geschehenskette getroffen wird, und den Stellenwert, den einzelne Geschehensmomente in der Geschichte erhalten sollen.

*Perspektive:*
*Alle Elemente der Geschichte werden in eine bestimmte Perspektive gerückt und so erzählt, wie es der Rolle, die der jeweilige Erzähler in der Geschichte spielt, dem Standort, von dem aus er erzählt, und der Haltung, die er der erzählten Welt gegenüber einnimmt, entspricht.*

*Konzept:*
*Der wahrnehmende und erkennende Mensch verfügt über ein inneres Bezugssystem, mit dem er die einlaufenden Informationen so identifiziert, bewertet und ordnet, daß er sie in seinen vorhandenen Wissens- und Erfahrungsbestand integrieren kann, damit sie für ihn einen Sinn bekommen.*

Der Zusammenhang dieser drei Ebenen besteht darin, daß die Geschehensreihe, interpretiert durch die an sie herangetragenen Konzepte, die Grundlage für die Geschichte, diese aber die Grundlage für den Text bildet, der die Geschichte im Vorgang des Erzählens interpretiert.

**Ebenen erzählender Texte**

(1) Geschehen (Welt) – nicht sinnbestimmt | Konzepte (Ich) – sinnbestimmend

(2) Geschichte – sinnbestimmter Geschehensausschnitt

(3) Text der Geschichte
bestehend aus:
– Perspektivierung durch einen Erzähler und
– sprachliche Realisierung

*Vgl. die fotografische Aufnahme, die dadurch, daß der Raumausschnitt und der Zeitpunkt nach einem bestimmten Konzept gewählt werden, ihren Sinn erhält.*

**Beispiel:**

„Jemand berichtet aus Berlin: Ein Dutzend verwahrloste Gefangene, geführt von einem russischen Soldaten, gehen durch eine Straße; vermutlich kommen sie aus einem fernen Lager, und der junge Russe muß sie irgendwohin zur Arbeit führen oder, wie man sagt, zum Einsatz. Irgendwohin; sie wissen nichts über ihre Zukunft; es sind Gespenster, wie man sie allenthalben sehen kann. Plötzlich geschieht es, daß eine Frau, die zufällig aus einer Ruine kommt, aufschreit und über die Straße heranläuft, einen der Gefangenen umarmt – das Trüpplein muß stehen bleiben, und auch der Soldat begreift natürlich, was sich ereignet hat; er tritt zu dem Gefangenen, der die Schluchzende im Arm hält, und fragt:

‚Deine Frau?'

‚Ja –.'

Dann fragt er die Frau:

‚Dein Mann?'

‚Ja –.'

Dann deutet er ihnen mit der Hand:

‚Weg – laufen, laufen – weg!'

Sie können es nicht glauben, bleiben stehen; der Russe marschiert weiter mit den elf andern, bis er, einige hundert Meter später, einem Passanten winkt und mit der Maschinenpistole zwingt, einzutreten; damit das Dutzend, das der Staat von ihm verlangt, wieder voll ist."

Max Frisch: Tagebuch 1946–1949, Bibliothek Suhrkamp 261, Frankfurt am Main 1970, S. 63

*Max Frisch, geb. 1911 in Zürich, will sein Tagebuch 1946–1949 nicht mit „dem privaten Tagebuch" verwechselt sehen, „das man als junger Mensch einmal geführt hat"; er spricht vielmehr vom „Tagebuch als literarische Form". Horst Steinmetz (Max Frisch: Tagebuch, Drama, Roman, Kleine Vandenhoeck-Reihe 379, Göttingen 1973) vergleicht es als „Tagebuch als Roman" mit dem ‚Stiller', den er als „Roman als Tagebuch" bezeichnet.*

*Ebene (3): Text der Geschichte.*

Die sprachliche Form des Textes zeigt einen Aufbau, der nach künstlerischen Gesichtspunkten erfolgt: Zwei rein erzählende Teile (1–14, 22–26) umschließen den dramatischen Höhepunkt, in dem der Erzähler fast ganz zurücktritt (15–21). Alles ist auf die Entscheidung ausgerichtet, die der russische Soldat mit bewundernswerter Sicherheit trifft: Zwei kurze Fragen genügen ihm, um die Situation zu klären und ihr entsprechend zu handeln, d. h. die getrennten Ehegatten zusammenzuführen.

*Erzählperspektive: Hier ist vor allem die Außensicht, bei welcher der Erzähler keinen Einblick in das Bewußtsein der Figur gewährt, sondern nur äußerlich Wahrnehmbares erzählt, von der Innensicht zu unterscheiden.*

Die Erzählperspektive ist dadurch gekennzeichnet, daß der Erzähler nicht nur das äußere Geschehen auf den Höhepunkt der Entscheidung des Soldaten hinführt, sondern diese Sicht auch durch die Schilderung innerer Vorgänge, die sich in den handelnden Personen abspielen („der Soldat begreift natürlich . . ." 11/12, „sie können es nicht glauben ..." 22), sowie durch kommentierende Bemerkungen („vermutlich ..." 3–6, „damit das Dutzend ..." 25/26) verdeutlicht.

*In dieser offenbart der Erzähler Empfindungen und Gedanken seiner Figuren.*

Dadurch, daß die Geschichte auf diese Weise erzählt wird, bekommt sie eine bestimmte Bedeutung: Mitten in der unmenschlichen Nachkriegsszenerie geschieht ein Akt der Menschlichkeit, dort, wo man ihn am wenigsten erwarten würde, und durch jemanden, der den geringsten Anlaß hätte, solche Menschlichkeit zu üben. Und weiter: Solche Menschlichkeit vermag die Welt nicht zu verändern. Denn ihre Forderungen müssen erfüllt werden, der Staat muß sein Dutzend Gefangene zurückerhalten (25/26).

*Innere Vorgänge:*
*Die Innensicht ist am Auftreten von Verben wie „denken", „glauben", „meinen" usw. in der 3. Person erkennbar.*

*Erzählerkommentar:*
*Der Erzähler erläutert das Handeln seiner Figuren, z. B. dadurch, daß er etwas über ihre Beweggründe oder ihre Absichten mitteilt.*

Die gleiche Geschichte kann auch auf andere Weise erzählt werden. Dabei kann sie die Ausrichtung auf die humane Entscheidung des Soldaten behalten. Auch die Spannung, die zwischen dieser Entscheidung und der grausamen Handlung, die ihr folgt („bis er, einige hundert Meter später ..." 23/24), besteht, kann bleiben. Der Geschehensausschnitt vom Einbiegen der Kolonne in die ungenannte Straße bis zur Auffüllung der Zwölfzahl könnte z. B. aus der Perspektive des Soldaten erzählt werden. Dabei wäre es möglich, die Entscheidungssituation dieser Figur als Konfliktlage zu kennzeichnen und sie, statt durch unreflektierte Sicherheit des Handelns, durch Überwindung der Angst vor den Folgen zu charakterisieren. Entsprechend würde sich die sprachliche Form des Textes ändern: Statt des kurzen Dialogs („Deine Frau?" / „Ja –." / „Dein Mann?" / „Ja –." / „Weg – laufen, laufen – weg!") fänden wir vielleicht einen inneren Monolog, in dem der Soldat mit sich kämpft, ob er der menschlichen Regung nachgeben soll.

*Ebene (2):*
*Die Geschichte als sinnbestimmter Geschehensausschnitt.*

*Personale Erzählsituation:*
*Die Geschichte wird so erzählt, wie eine der beteiligten Personen, d. h. eine der Figuren der Handlung, sie erleben könnte.*

*Innerer Monolog:*
*Stummes Selbstgespräch einer handelnden Figur, das vom Erzähler wiedergegeben wird, um deren Überlegungen, Absichten, Bedenken usw. dem Leser zu verdeutlichen.*

Wenn wir nach dem noch nicht sinnbestimmten Geschehensablauf, gleichsam dem ereignishaften ‚Rohmaterial', fragen, auf dem die Geschichte beruht, bleibt folgendes übrig: Durch die Trümmer des zerstörten Berlin zieht ein Haufen von zwölf Gefangenen, die ein russischer Soldat bewacht. Unterwegs geschieht alles mögliche: ein fußkranker Gefangener bleibt zurück und wird mit dem Gewehrkolben wieder in die Reihe gestoßen; eine Kreuzung ist von Militärfahrzeugen blockiert, die Gruppe muß warten; der Soldat stolpert über einen Eisenträger und flucht usw. usw. Irgendwo drängt sich eine Frau heran und spricht auf einen Gefangenen ein; der Bewacher läßt

*Ebene (1):*
*Der Rohstoff der Geschichte, das bloße Geschehen.*

die beiden laufen, vielleicht aus Verlegenheit, wer weiß? An anderer Stelle holt er sich mit vorgehaltenem Gewehr andere, zur Arbeit geeignet erscheinende Männer in die Kolonne. Aus diesem Rohstoff grenzt nun jemand die Episode mit der herantretenden Frau ab, die er nach dem Konzept interpretiert:

*Zu Konzept vgl. S. 7*

Wiedervereinigung getrennter Eheleute – Soldat der Siegermacht handelt großmütig

Der Rohstoff würde aber auch ganz andere Geschichten ermöglichen, z. B.: Man könnte den Geschehensablauf so abtrennen, daß der Akzent auf der Rekrutierung weiterer Zwangsarbeiter liegt, und dieses Material nach dem Konzept interpretieren:

Den Besiegten werden die Menschenrechte verweigert – Passanten mit der Waffe zur Arbeit gezwungen

Die Elemente des Geschehensablaufs sind also noch vieldeutig und gewinnen ihren Sinn erst dann, wenn jemand eine Geschichte daraus macht.

## 2. Die Elemente einer Geschichte

Der ‚Rohstoff' auf der Geschehensebene enthält folgende Elemente:

(1) Ereignisse und Handlungen,
(2) handelnde Personen,
(3) Zeitpunkt und Zeitdauer der Geschehnisse und
(4) örtliche Gegebenheiten.

Diese Elemente werden nun auf der Ebene der Geschichte nach einem bestimmten Konzept in Beziehung zueinander gesetzt. Durch Auswahl und Ausschnitt aus der Geschehensreihe, die in unserem Textbeispiel durch den Marsch der Gefangenenkolonne gebildet wird, werden folgende Ereignisse und Handlungen zum ‚Stoff' der Geschichte:

*Element (1):*
*Ereignisse und Handlungen.*

- Heranlaufen der Frau, Aufschrei, Umarmung, Stehenbleiben der Kolonne, kurzes Gespräch, Weitermarsch, Heranwinken des Passanten.

Auf der Grundlage dieser Auswahl werden die handelnden Personen und die Beziehungen zwischen ihnen charakterisiert:

*Element (2):*
*Handelnde Personen (Figuren der Handlung) und ihre Beziehungen zueinander.*

- Die Frau ergreift die Initiative; ihr Mann wird durch ihr Handeln aus dem Gefangenentrupp herausgelöst; der Soldat wird dadurch zur Reaktion gezwungen; er begreift, was vor sich geht, klärt die Situation und trifft seine Entscheidung; aus dieser Entscheidung ergibt sich die Konsequenz, daß er das Dutzend wieder auffüllen muß.

  In dieser Figurenkonstellation wird der Soldat zu der Person, welche über der Situation steht und in ihr eine unkomplizierte Großzügigkeit beweist.

Aus diesem Konzept der Geschichte, nach dem die Auswahl der Ereignisse und Handlungen erfolgt und die Beziehungen der beteiligten Personen charakterisiert werden, ergibt sich auch die zeitliche Ordnung, die das Geschehen erfährt:

*Element (3):*
*Zeitpunkt und Zeitdauer der Geschehnisse.*

- Die Geschichte wird auf die Gesprächsszene konzentriert, in welcher der Soldat die Situation durch die beiden kurzen Fragen klärt und das Problem auf seine Weise löst. Vorgeschichte und Nachspiel werden zeitlich gerafft (der Marsch von „einigen hundert Metern" 23/24 ist in 4 Zeilen abgetan). Die Gesprächsszene (einsetzend mit „plötzlich" 8) dauert nicht länger, als man Zeit braucht, sie vorzulesen.

*Element (4): Örtliche Gegebenheiten als Schauplatz der Geschichte.*

Die örtlichen Gegebenheiten des Geschehens werden als Schauplatz der Geschichte bestimmt, so daß sie deren Konzept entsprechen:

- Um die Lage der Beteiligten zu kennzeichnen und ihr Verhalten und Handeln verständlich zu machen, wird der Geschehensraum in der Geschichte als deren Umwelt charakterisiert („Berlin" 1, „eine Straße" 3, „aus einem fernen Lager" 3/4, „irgendwohin zur Arbeit" 5, „Ruine" 9 „über die Straße" 9/10). Die zweite Handlung des Soldaten, mit der er die durch seine Großzügigkeit entstandene Lücke wieder auffüllt, wird räumlich von der ersten getrennt („einige hundert Meter später" 23/24).

*„Die Abfolge der Sätze in einem Text ist Ausdruck eines vorausgesetzten Textzusammenhangs. Einen Text verstehen heißt demnach zweierlei: einerseits die Sätze und ihre unmittelbare Verbindung verstehen, andererseits aber, und dies ist erst das eigentliche Textverstehen, muß die Verknüpfung der Sätze verstanden werden als Ausdruck eines Textzusammenhangs, der sich uns darstellt als Sinnzusammenhang." (Karlheinz Stierle in: H. Brackert, E. Lämmert [Hg.]: Funk-Kolleg Literatur 1, Fischer Taschenbuch 6326, Frankfurt am Main 1977, S. 172)*

Auf der Ebene des Textes der Geschichte werden diese Elemente auf bestimmte Weise gesehen, d. h. sie erscheinen unter bestimmten Aspekten, durch welche die Geschichte interpretiert wird:

- Indem der Erzähler die trostlose Lage der Gefangenen schildert („verwahrlost" 1, „wissen nichts über ihre Zukunft" 6/7, „Gespenster" 7), schafft er den Hintergrund, vor dem sich die mit „plötzlich" (8) einsetzende Wendung abhebt. Das Überraschende der Wendung wird dadurch betont, daß die drei von der Wendung betroffenen Personen in einem einzigen Satz zusammengeführt werden („er", d. h. der Soldat, „tritt zu dem Gefangenen, der die Schluchzende im Arm hält . . ." 12/13). Inmitten des kollektiven Elends haben zwei einzelne Menschen Glück, weil ein Dritter für sie ‚Schicksal spielt'.

Zur Interpretation der Geschichte gehört auch der Umstand, daß der Erzähler mit dem einleitenden Satz („Jemand berichtet aus Berlin") von dieser Interpretation ablenkt, indem er sich als bloßen Vermittler eines Augenzeugenberichts ausgibt, der nichts dazugetan hat.

**Elemente einer Geschichte**

(1) Auf der **Geschehensebene** finden wir:
- eine Reihe von Ereignissen, welche in bestimmter Weise logisch und chronologisch miteinander verbunden sind;
- handelnde Personen, welche diese Ereignisse verursachen oder erleiden;
- Zeitpunkt und Zeitdauer dieser Ereignisse und Handlungen;
- örtliche Gegebenheiten, in denen sich diese Ereignisse abspielen.

(2) Auf der **Ebene der Geschichte** werden diese Elemente nach einem sinngebenden Konzept ausgewählt und zueinander in Beziehung gesetzt:
- Ereignisse und Handlungen erhalten einen Stellenwert und werden einander zugeordnet;
- beteiligte Personen werden charakterisiert und in Beziehungen gebracht, aufgrund deren ihr Handeln und Leiden verständlich wird;
- Zeitdauer und zeitliche Abfolge, welche die Ereignisse auf der Geschehensebene haben, werden im Hinblick auf das Konzept der Geschichte verändert (Zeitraffung, Auslassung, zeitdeckendes Erzählen);
- örtliche Gegebenheiten der Geschehensebene werden zum Schauplatz der Ereignisse und Handlungen und zur Umwelt der handelnden Personen gemacht.

(3) Auf der **Ebene des erzählenden Textes** werden diese Elemente der Geschichte und die Beziehungen, die das Konzept zwischen ihnen hergestellt hat, unter bestimmten Aspekten dargestellt:
- Ereignisse und Handlungen werden unter einer bestimmten Perspektive erzählt;
- beteiligte Personen werden mit bestimmten sprachlichen und stilistischen Mitteln charakterisiert, ihre Beziehungen zueinander, ihre Motive, ihr Verhalten und Handeln dem Leser verständlich gemacht;
- die Veränderungen, welche Zeitdauer und zeitliche Abfolge des Geschehens nach dem Konzept der Geschichte erfahren sollen, werden mit unterschiedlichen Erzähltechniken (Zeitraffung: Zusammenfassung; zeitdeckendes Erzählen: Gespräch usw.) bewerkstelligt;
- Orte und Plätze der Ereignisse und Handlungen der Geschichte werden durch Sprach- und Stilmittel der Schilderung und Beschreibung vergegenwärtigt und mit Bedeutung erfüllt.

# 3. Die Fiktionalität erzählender Texte

Woran läßt sich erkennen, daß man es mit Dichtung zu tun hat?
Es gibt grundsätzlich zwei Möglichkeiten, die epische Erzählung vom Wirklichkeitsbericht abzugrenzen, einmal die Unterscheidung nach Textmerkmalen, zum anderen die Unterscheidung nach der Kommunikationssituation.
Im ersten Fall sieht die Unterscheidung folgendermaßen aus:
(1) Wirklichkeitsbericht liegt vor, wenn das berichtete Geschehen im Erfahrungsfeld, d. h. in der persönlichen oder historischen Vergangenheit, des Berichterstatters gelegen ist und unabhängig vom Berichtetwerden, d. h. also auch dann, wenn es nicht berichtet wird, existiert.
Das ist z. B. der Fall bei einer Zeitungsreportage, bei einem Reisebericht oder bei der Wiedergabe eines historischen Ereignisses.

*Fiction:*
*Engl. = dichterische Einbildungskraft; im engeren Sinn: die moderne erzählende Literatur, soweit sie auf Phantasietätigkeit beruht. Non-fiction bezeichnet entsprechend den Wirklichkeitsbericht bzw. das Geschehen, das auch außerhalb des Berichts existiert.*

(2) Epische Erzählung liegt vor, wenn das erzählte Geschehen nicht real vom Erzähler erlebt wurde und nur existiert, indem es erzählt wird. Es handelt sich um eine erfundene (fiktive) Welt, die dem Leser bei der Lektüre als eine Welt der Wirklichkeit erscheint.
An einem Beispiel läßt sich zeigen, welche Textmerkmale diese begriffliche Unterscheidung erlauben:

**(1)** „Mitten im Geläute von zehn kleinen Glocken ging es durch eine lange Lindenallee – der Schlitten bog aus und da war der Schloßplatz, eingefaßt von den kleinen Seitenflügeln des Schlosses. Dort aber, wo vier Treppen mühsam und schwer aus dem Schnee des Platzes zur Terrasse hinaufsteigen und wo diese Terrasse, von einem vasengeschmückten Geländer begrenzt, auf das Schloß vorzubereiten glaubte, dort war nichts, nichts als ein paar schneeversunkene Büsche und Himmel, grauer zitternder Himmel, aus dessen Dämmerung sich fallende Flocken auslösten."

Rainer Maria Rilke/Lou Andreas-Salomé: Briefwechsel, Frankfurt a. M. 1952: Insel Verlag, S. 197f.

*Rilke (1875–1926), österr. Dichter; Andreas-Salomé (1861–1937), deutsche Schriftstellerin russisch-französischer Herkunft, unterhielt anregende Freundschaften mit Nietzsche, Rilke und dem Wiener psychoanalytischen Kreis um Freud und Adler.*

**(2)** „Die Mittagssonne stand über der kahlen, von Felshäuptern umragten Höhe des Julierpasses im Lande Bünden. Die Steinwände brannten und schimmerten unter den stechenden senkrechten Strahlen. Zuweilen, wenn eine geballte Wetterwolke emporquoll und vorüberzog, schienen die Bergmauern näher heranzutreten und, die Landschaft verengend, schroff und unheimlich zusammenzurücken. (...)
In der Mitte der sich dehnenden Paßhöhe standen rechts und links vom Saumpfade zwei abgebrochene Säulen, die der Zeit schon länger als ein Jahrhundert trotzen mochten..."

Conrad Ferdinand Meyer: Jürg Jenatsch I,1

*C. F. Meyer (1825–1898), schweizer. Schriftsteller, schrieb historische Novellen: ‚Jürg Jenatsch' spielt in der Zeit des Dreißigjährigen Krieges.*

Wer die beiden Textausschnitte ohne Rücksicht auf ihren Kontext liest, d. h., außer acht läßt, daß (1) aus einem persönlichen Brief stammt, während (2) einen Romananfang darstellt, könnte nicht entscheiden, ob es sich um Wirklichkeitsbericht oder epische Fiktion handelt. Auch das Wissen, ob die geschilderte Landschaft in dem einen oder anderen Fall der Wirklichkeit entspricht oder ein Phantasieprodukt ist, würde nicht helfen. Denn nicht das Maß der Übereinstimmung mit der außersprachlichen Wirklichkeit entscheidet über die Fiktionalität von Texten, sondern nur der besondere Funktionszusammenhang zwischen dem Erzählten und dem Erzählen:

| | |
|---|---|
| Der Berichterstatter macht als Aussagesubjekt Aussagen über objektiv vorhandene Dinge, er erzählt von Personen und Vorgängen. | Der erzählende Dichter erzählt nicht von Personen und Dingen, er erzählt Personen und Dinge. Zwischen Erzählen und Erzähltem existiert kein Subjekt-Objekt-Verhältnis. |

*„Wenn eine reale Wirklichkeit ist, weil sie ist, so ‚ist' eine fiktive Wirklichkeit nur dadurch, daß sie erzählt ist." (Käte Hamburger: Die Logik der Dichtung, Ullstein Taschenbuch 39007, Berlin 1980, S. 123)*

Wenn man in dem Roman weiterliest, stößt man auf Textmerkmale, die diesen besonderen Funktionszusammenhang von Erzählvorgang und erzählter Welt, wie er für die epische Fiktion kennzeichnend ist, signalisiert:

„Endlich tauchte ein Wanderer auf...
Jetzt erreichte er die zwei römischen Säulen.
Hier entledigte er sich seines Ränzchens...

Schnell bedacht zog er eine lederne Brieftasche hervor und begann eifrig die beiden ehrwürdigen Trümmer auf ein weißes Blatt zu zeichnen..."

Die Wendung in Zeile 4 bewirkt, daß der Leser die Landschaft als Erlebnisfeld der geschilderten Person erfährt: aus ihrer Sicht, nicht aus der Sicht des Erzählers präsentiert sie sich uns als wirkliche und eben deshalb als fiktive Landschaft.

*'Erlebte Rede' (franz. 'style indirect libre'): Wiedergabe innerer Vorgänge, z. B. Gedanken, einer Handlungsfigur im Indikativ der 3. Person.*

„War diese in einen Mantel gehüllte Gestalt nicht Herr Pompejus gewesen? Nein, es war ein einzelner scheuer Nachtfahrer..." (I,3)

Hier kommen – ohne ein dazwischengeschaltetes Erzählerbewußtsein – unmittelbar die Gedanken einer der Romanfiguren zum Ausdruck. Die Romanfiguren können also in der dritten Person denken, fühlen und erleben wie reale Subjekte. Eben dadurch aber weisen sie das Erzählte als Fiktion aus, weil nicht von ihnen, sondern weil sie erzählt werden.

Wenn die fiktive Wirklichkeit nur 'ist', indem sie erzählt wird, gilt für die in erzählenden Texten vorherrschende Verbform des Präteritums nicht die Subjekt-Objekt-Beziehung, die sie im Wirklichkeitsbericht bezeichnet. Dort zeigt ein Subjekt, der Sprecher, damit die zeitliche Beziehung an, in der sein Bericht zum Objekt seiner Rede, dem vergangenen realen Geschehen, steht. In der epischen Erzählung jedoch verliert das Präteritum seinen temporalen Charakter, weil es den reinen Erzählvorgang bezeichnet und daher mit Zeitadverbien verbunden werden kann, die nicht zur Vergangenheit passen:

*Episches Präteritum: Es bezeichnet im Unterschied zum gleichlautenden historischen Präteritum nicht reale Vergangenheit, sondern fiktionale Gegenwärtigkeit.*

„'Dort ist Sondrio', sagte Agostino zu dem jetzt wieder an seiner Seite schreitenden Waser..." (I,3)

Da Wirklichkeitsbericht und epische Erzählung – wie wir eingangs gesehen haben – nicht immer mit Hilfe von Textmerkmalen zu unterscheiden sind, ist es sinnvoll, nach der Kommunikationssituation zu fragen, in die der Text eingebettet ist. In einer pragmatischen Situation, z. B. bei einer Zeugenaussage vor Gericht, mag jemand einen Hergang noch so kunstvoll erzählen, sich dabei in andere Beteiligte hineinversetzen und den Schauplatz des Geschehens beleuchten, er wird die Erwartungen der

*Pragmatische Kommunikationssituation: In Gesprächen, die praktischen Zwecken dienen, sind die Rollen der Partner in wechselseitigen Handlungserwartungen und Ver-*

**Kennzeichen von Fiktionalität**

(1) Unterscheidung vom Wirklichkeitsbericht:
- Wirklichkeitsbericht: Ein Aussagesubjekt berichtet über ein unabhängig vom Berichtenden existierendes Objekt.
- Epische Erzählung: Ihr Objekt existiert nur in der Erzählung und wird vom Erzähler im Erzählvorgang hervorgebracht.

(2) Unterscheidung durch Textmerkmale:
- Perspektivierung der Erzählung
- Erzählung innerer Vorgänge der erfundenen Handlungsfiguren, z. B. in der ‚Erlebten Rede'
- Episches Präterium ohne Bezug zur realen (außersprachlichen) Vergangenheit

(3) Unterscheidung der Kommunikationssituation:
- Erzähler fiktionaler Texte und ihre Leser/Zuhörer haben keine festgelegten Handlungserwartungen und Rechtsansprüche gegeneinander.
- Leser/Zuhörer fiktionaler Texte haben die Freiheit, das Wirklichkeitsverhältnis dieser Texte und deren Bedeutung für sie nach eigenen Konzepten zu beurteilen.

Zuhörer enttäuschen, wenn er mit dieser erzählerischen Ausgestaltung seines Berichts den Boden der Wirklichkeit verläßt, ja er hat unangenehme Folgen zu gewärtigen. Umgekehrt kann in einer fiktionalen Kommunikationssituation, z. B. wenn einer eine Geschichte erzählt, die Orientierung an dem konkurrierenden Verhaltensmuster, hier also am Wirklichkeitsbericht, großen Eindruck machen, wie wir an dem Textbeispiel von Max Frisch gesehen haben. Dort gab sich eine höchst kunstvolle und beeindruckende Erzählung als Wirklichkeitsbericht aus. Aber der Kontext gab an, daß der Leser sich in einer fiktionalen Kommunikationssituation befindet, d. h., von sich aus darauf kommen muß, warum er die Erzählung liest und was sie für ihn bedeuten soll. Eine gewisse Vorgabe zur Beantwortung dieser Frage enthält der Kontext insofern, als die vorangehenden Bemerkungen des Tagebuchs von einer menschlichen Gesellschaft handeln (‚Höflichkeit' S. 59–62), während die unserer Geschichte

*pflichtungen festgelegt, die den Charakter von Rechtsansprüchen haben können. Es kann also durch Sanktionen erzwungen werden, daß sich der Sprecher in seinen Äußerungen an den realen Sachverhalt bindet.*

*Fiktionale Kommunikationssituation:*
*Hier gibt es keine rechtlich festgelegten Erwartungen, d. h., es ist auch nicht gefordert, daß sich der Sprecher in einer bestimmten Weise an den in Rede stehenden Sachverhalt hält. Vielmehr haben Sprecher wie Hörer die Freiheit, alle möglichen Beziehungen zwischen Wirklichkeit und erzählerischem Konzept durchzuspielen.*

*„Die Beispiele sind im wahren Sinne des Wortes Exempel. Sie bekommen etwas vom Charakter theatralischer Rollen. Sie gleichen Theatersituationen, der Probe, dem Spiel, der Illusion einer künstlich entworfenen Wirklichkeit, die nicht real, aber doch wahr ist. Es ist daher nicht zufällig, daß der Tagebuch-Schreiber immer wieder von seiner Faszination durch das Theater berichtet. Er erkennt in der durch den ‚Rahmen' geschaffenen Situation, was er sonst nicht zu sehen imstande ist: Menschen." (Horst Steinmetz: Max Frisch: Tagebuch, Drama, Roman, Göttingen 1973, S. 25)*

*Reportage:*
*Bericht über ein aktuelles Ereignis in Presse, Funk oder Fernsehen.*

*Fontane (1819–1898) benutzte seine seit 1862 erschienenen ‚Wanderungen' als Reservoir für die Darstellungen des märkischen Landes und Lebens in seinen Romanen.*

*Sachtext:*
*Er stellt eine ‚Sache' in leicht lesbarer Form dar, wobei er wissenschaftliche Zuverlässigkeit mit spannender Unterhaltung verbindet. Fachsprachlicher Stil wird ebenso vermieden wie dichterische Gestaltung.*

folgenden Seiten, die das Theater zum Thema haben (S. 63–66), die Bedeutung der Bühne als Rahmen hervorheben, in dem keine Kollektive erscheinen, sondern das Schicksal der Menschheit sozusagen einzelnen Personen anvertraut ist.

Ohne Schwierigkeiten läßt sich nur die letzte Unterscheidung, die nach der Kommunikationssituation, treffen. Denn in der Literatur werden immer wieder die Formen des Wirklichkeitsberichts verwendet, sei es als Einlage in ein erzählendes Werk, sei es als Form eines ganzen Werkes, z. B.

- der Brief (Goethe: Die Leiden des jungen Werthers),
- das Tagebuch (die Einlagen ‚Aus Ottiliens Tagebuche' im 2. Teil der ‚Wahlverwandtschaften' von Goethe; Max Frisch: Tagebuch 1946–1949),
- die Reportage (Günter Wallraff: Industriereportagen. Als Arbeiter in deutschen Großbetrieben, rororo 6723, Reinbek bei Hamburg: Rowohlt 1970),
- der Reisebericht (Theodor Fontane: Wanderungen durch die Mark Brandenburg),
- der Sachtext (das Typhuskapitel XI,3 in den ‚Buddenbrooks' von Thomas Mann),
- die Autobiographie (Stefan Andres: Der Knabe im Brunnen) usw.

In diesen Fällen wird die Grenze zwischen Fiktionalität und Nichtfiktionalität vom Autor absichtlich überschritten. Er will den Eindruck vermeiden, als erzähle er Personen und Dinge, die nur als Fiktion im Erzählvorgang existieren, vielmehr deutlich machen, daß er von real existierenden Personen, Ereignissen und Dingen spreche, die zur gemeinsamen Wirklichkeit von Autor und Leser gehören. Deshalb hat Max Frisch die Geschichte von dem russischen Soldaten, der den Gefangenen laufen ließ, ausdrücklich als Bericht gekennzeichnet. Entscheidend ist hier die literarische Kommunikationssituation, in der Autor und Leser keinen sozial oder rechtlich festgelegten Handlungserwartungen genügen müssen, sondern in der Bearbeitung der im Text thematisierten Wirklichkeit frei sind. Nur aufgrund dieser Freiheit kann Wirkliches so dargestellt werden, daß seine tiefere Bedeutung herauskommt. Eine genaue Übereinstimmung des Textes mit

der empirischen Wirklichkeit ist dabei nicht nötig, unter Umständen sogar hinderlich.
Die literarische Kommunikationssituation wird also nicht durch die Art des vorliegenden Textes und ihre Merkmale signalisiert, sondern durch den Rahmen, in dem die Kommunikation stattfindet. Er wird etwa durch das Buch bestimmt, in dem der Text sich findet (das Typhus-Kapitel ist Teil eines Romans), oder durch das Werk des Autors (das Tagebuch ist eine von Max Frisch bevorzugte literarische Form) oder die Gestaltung des Wirklichkeitsausschnitts (Wallraff gibt keinen fortlaufenden Bericht, sondern eine Folge von ‚Momentaufnahmen' der Arbeitswelt). Der Leser weiß dann, daß er es mit Literatur zu tun hat und nicht mit Texten, die bestimmten pragmatischen Zwecken dienen.
‚Dichtung und Wahrheit', Fiktionalität und Nichtfiktionalität, sind in erzählenden Texten vielfältig gemischt. Ihr Verhältnis muß von Fall zu Fall bei der Interpretation bestimmt werden.

*Wallraff (geb. 1942) arbeitete, ohne sich erkennen zu geben, in Industriebetrieben, um die Fakten auf journalistische Weise zu recherchieren. Seine literarische Absicht war dabei, unter Verzicht auf Fiktionalität authentische Fälle aufzuzeichnen, um die ‚wahre Wirklichkeit' aufzuzeigen, deren Veränderung er dadurch betreiben wollte.*

# 4. Möglichkeiten der Erzählperspektive

*Vgl. die Definition des Begriffs ‚Perspektive' auf S. 7.*

Wenn die Elemente des Geschehens zu einer Geschichte geordnet sind, so ergibt das noch keinen Erzähltext. Erst die Aspekte, unter denen diese Elemente gesehen und interpretiert werden, machen die Geschichte zu einem Erzähltext. Auf dieser Ebene gibt der Autor das Wort an einen Erzähler ab. Wir müssen nämlich von der Sichtweise, in der die Elemente der Geschichte im Text erscheinen sollen, die Instanz unterscheiden, welche diese Sichtweise zu Wort bringt, d. h. zwischen dem, der die Geschichte so sieht, und dem unterscheiden, der davon auch spricht. Natürlich darf diese Unterscheidung nicht übertrieben werden, denn die Gestaltung der Erzählperspektive, die Entscheidung, ob er selbst das Wort ergreifen oder es an eine seiner Figuren abtreten soll, oder ob er die Rolle eines unbeteiligten, nur registrierenden Zuschauers spielen soll, bleibt eine Sache der Regie des Autors.

*Die Erwartungen des Lesers sind durch sein Wissen, seine Einstellungen und seine bisherige Erfahrung bestimmt (vgl. die Erläuterung zu dem Begriff ‚Konzept' auf S. 7).*

Diese Regie des Autors ist seine Weise, mit dem Leser zu kommunizieren, d. h. ihm zu zeigen, wie er's gemeint hat. Er weiß natürlich, daß der Leser nach einer logischen Linie im Text suchen wird, daß er seine Erwartungen von dem bestimmen lassen wird, was für ihn ‚normal' ist, daß er einen ‚Sinn' suchen wird. Auf der Grundlage dieses Wissens wählt der Autor sozusagen die Erzählerrolle als Medium für die Kommunikation mit dem Leser. Für den Leser wiederum ist diese Rolle, d. h. der fiktive Erzähler, die Möglichkeit, den Autor kennenzulernen, also mit ihm zu kommunizieren.

„Es war einmal ein unvernünftig kalter Winter; da gingen zwei gute Kameraden miteinander auf das Eis zum Schlittschuhlaufen. Nun waren aber hin und wieder Löcher in das Eis geschlagen, der Fische wegen; und als die beiden Schlittschuhläufer nun in vollem Zuge waren, sintemalen der Wind auch heftig blies, versah's der eine, rutschte in ein Loch und traf so gewaltsam mit dem Halse vor die scharfe Eiskante, daß der Kopf auf das Eis dahinglitschte und der Rumpf ins Wasser fiel. Der andere, schnell entschlossen, wollte seinen Kameraden nicht im Stich lassen, zog ihn heraus, holte den Kopf und setzte ihn wieder gehörig auf, und weil es eine so barbarische Kälte in dem Winter war, so fror der Kopf auch gleich wieder fest. Da freute sich der, dem das geschah, daß die Sache noch so günstig für ihn abgelaufen war. Seine Kleider waren aber alle ganz naß geworden; darum ging er mit seinem Kameraden in ein Wirtshaus, setzte sich neben den warmen Ofen, seine Kleider zu trocknen, und ließ sich von dem Wirt einen Bittern geben. „Prosit, Kamerad!“ sprach er und trank dem andern zu; „auf den Schrecken können wir wohl einen nehmen.“

Nun hatte er sich durch das kalte Bad aber doch einen starken Schnupfen geholt, daß ihm die Nase lief. Da er sie nun zwischen die Finger klemmte, sich zu schneuzen, behielt er seinen Kopf in der Hand, denn der war in der warmen Stube wieder losgetaut.

Das war nun freilich für den armen Menschen recht fatal, und er meinte schon, daß er nun in der Welt nichts Rechtes mehr beginnen könnte; aber er wußte sich doch Rat zu schaffen, ging hin zu einem Bauherrn und ließ sich anstellen als Dielenträger, und das war eine gar schöne passende Arbeit für ihn, weil ihm dabei der Kopf niemals im Wege saß, wie vielen anderen Leuten, die auch Bretter tragen müssen.“

Wilhelm Busch, Fliegende Blätter Nr. 707, 30. Band, München 1859, abgedruckt in: Udo Müller: Zugang zur Literatur, Freiburg: Herder 1978, S. 14

*‚Fliegende Blätter‘: Illustriertes Wochenblatt, 1844 in München begründet, Mitarbeiter u. a. Carl Spitzweg und Wilhelm Busch.*

*Wilhelm Busch (1832–1908), viele Verserzählungen mit Bildern, z. B. ‚Die fromme Helene‘ („Das Gute, dieser Satz steht fest / Ist stets das Böse, das man läßt“) und ‚Max und Moritz‘, Kritik am Kleinbürgertum.*

Man sieht sogleich: Diese Erzählweise ist nicht des Autors Art, sondern eine Veranstaltung von ihm, um dem Leser mit Hilfe seiner Geschichte eine bestimmte Botschaft zu übermitteln. Wenn der eine der beiden Kameraden der Geschichte sich weiter nicht aufregt, als dem anderen der Kopf vom Rumpf getrennt wird (8/9), sondern vielmehr „schnell entschlossen“ (10) denselben „gehörig“ wieder aufsetzt (12), dann ist damit sicher ein bestimmtes Spiel mit den Erwartungen des Lesers beabsichtigt. Erst durch dieses Spiel entsteht ja der schockierende Kontrast der Erzählweise zum erzählten Vorgang.

So ungerührt, wie die handelnden Figuren die Begebenheit erleben und die dadurch entstandenen Probleme lösen, so ungerührt wird die phantastische Geschichte erzählt, als ob gar nichts dabei sei: Sechsmal hebt das Wörtchen „nun“ (3, 5, 23, 25, 28, 29) die Folgerichtigkeit und Selbstverständlichkeit des erzählten Geschehens hervor. Gerade dort, wo dieses dem Leser entsetzlich vorkommen muß, ist der Erzählton geradezu harmlos: Der über das Eis ‚hingeglitschte' (9) Kopf wird „gehörig" wieder angebracht (12). Als der Verunglückte seinen Kopf in der Hand behält, heißt es bedauernd: „Das war nun freilich für den armen Menschen recht fatal" (28). Die logischen Verknüpfungen und Begründungen lauten so, als werde Alltägliches berichtet: Die Löcher sind ins Eis gehauen „der Fische wegen" (4); der Kopf friert wieder fest, „weil" es so kalt ist (12/13); er löst sich wieder, „denn" er taut in der Wärme auf (26); das Dielentragen ist die „passende Arbeit", „weil" ihm der Kopf nicht im Wege ist (33).

*grotesk (ital. = ‚verzerrt, überspannt'): Erzählweise, in der Naturwidriges als natürlich dargestellt, Unvereinbares spielerisch verbunden, die Welt verfremdet wird.*

Diese groteske Erzählweise gehört wie die Geschichte selbst zur Fiktion, und wir müssen uns fragen, warum der Autor sie gewählt hat; das gehört mit zur Interpretation.
Grundsätzlich sind bei der Untersuchung der Erzählperspektive drei Dinge zu beachten:
- Der Erzähler hat nicht immer das Wort. Oft tritt er es an handelnde Figuren ab (direkte Rede, Gespräch). Wir müssen also feststellen, wer das Wort hat.
- In erzählenden Texten wird nicht durchweg erzählt. Statt einer Wiedergabe von Ereignissen finden wir oft eine Betrachtung des Erzählers, die Meinungsäußerung einer handelnden Figur oder die Beschreibung einer Person, eines Schauplatzes, eines Gegenstandes. Wir müssen also feststellen, was jeweils gesagt wird.
- Die Sprachform des Textes bleibt nicht stets die gleiche. Satzbau, Wortwahl, Stil können wechseln. Ein solcher Wechsel stellt eine wichtige Mitteilung für den Leser dar. Wir müssen also auch feststellen, wie jeweils gesprochen wird.

Die Möglichkeiten der Erzählperspektive lassen sich in zwei Grundformen einteilen:
- Außenperspektive: Die Organisation der Elemente der Geschichte und die Sichtweise, in der die Geschichte erzählt wird, werden von einem Standpunkt aus bestimmt, der außerhalb der Romanfiguren und des erzählten Geschehens liegt (‚auktoriale' Erzählsituation, ‚allwissender', auch ‚persönlicher' Erzähler).
- Innenperspektive: Der Erzähler wählt seinen Standpunkt innerhalb des Romangeschehens, indem er sich z. B. unter den Figuren der Handlung einen ‚Stellvertreter' sucht und aus dessen Perspektive die Elemente

*Der Begriffsgebrauch ist widersprüchlich: Einmal werden Außensicht, bei welcher der Erzähler die Figuren wie ein Beteiligter nur von außen sieht, und Innensicht, die ihn in die handelnden Figuren hineinblicken läßt, unterschieden (vgl. die Erläuterung auf S. 8 f.). Dann wieder wird umgekehrt die Stellung des „allwissenden' Erzählers außerhalb, d. h. über dem erzählten Geschehen, die ihm auch Ein-*

der Geschichte nach dem Prinzip der psychologischen Wahrscheinlichkeit organisiert (‚personale' Erzählsituation, ‚neutraler' Erzähler).
Diese beiden Grundformen können in ein und demselben Text abwechseln und sich auf mancherlei Art vermischen.

*sicht in die inneren Vorgänge seiner Figuren gewährt, als Außenperspektive bezeichnet. Innenperspektive heißt dann seine Position im Binnenraum der Handlung, die ihm diese Einsicht verwehrt.*

„Was ist das. – Was – ist das..."

„Je, den Düwel ook, c'est la question, ma très chère demoiselle!"

Die Konsulin Buddenbrook, neben ihrer Schwiegermutter auf dem geradlinigen, weißlackierten und mit einem goldenen Löwenkopf verzierten Sofa, dessen Polster hellgelb überzogen waren, warf einen Blick auf ihren Gatten, der in einem Armsessel bei ihr saß, und kam ihrer kleinen Tochter zu Hilfe, die der Großvater am Fenster auf den Knien hielt.

„Tony!" sagte sie, „ich glaube, daß mich Gott –" Und die kleine Antonie, achtjährig und zartgebaut, in einem Kleidchen aus ganz leichter changierender Seide, den hübschen Blondkopf ein wenig vom Gesichte des Großvaters abgewandt, blickte aus ihren graublauen Augen angestrengt nachdenkend und ohne etwas zu sehen ins Zimmer hinein, wiederholte noch einmal: „Was ist das", sprach darauf langsam: „Ich glaube, daß mich Gott", fügte, während ihr Gesicht sich aufklärte, rasch hinzu: „– geschaffen hat samt allen Kreaturen", war plötzlich auf glatte Bahn geraten und schnurrte nun, glückstrahlend und unaufhaltsam, den ganzen Artikel daher, getreu nach dem Katechismus, wie er soeben, Anno 1835, unter Genehmigung eines hohen und wohlweisen Senates, neu revidiert herausgegeben war. Wenn man im Gange war, dachte sie, war es ein Gefühl, wie wenn man im Winter auf dem kleinen Handschlitten mit den Brüdern den Jerusalemsberg hinunterfuhr: es vergingen einem geradezu die Gedanken dabei, und man konnte nicht einhalten, wenn man auch wollte."

Thomas Mann: Buddenbrooks I, 1, Frankfurt a. M.: S. Fischer Verlag

*Thomas Mann (1875–1955) plante 1897 zunächst eine Novelle um Hanno, dessen geistig-künstlerische Neigungen als Gefahr für bürgerliche Tüchtigkeit dargestellt werden sollten. 1901 erschien der Roman ‚Buddenbrooks. Verfall einer Familie', für den er 1929 den Nobelpreis erhielt.*

Keine vermittelnde Instanz scheint dem Leser die Geschichte zu erzählen, er glaubt, sich selbst auf dem Schauplatz des Geschehens zu befinden. Der Text enthält nichts, was nicht auch eine der anwesenden Figuren, die Konsulin oder ihre Schwiegermutter oder der Großvater, hätte wahrnehmen können. Ganz plötzlich aber wechselt die Erzählsituation (25/26), wenn davon die Rede ist, was im Inneren einer Figur vor sich geht. Das konnte keine der anwesenden Personen berichten. Hier verläßt der Erzähler den Innenraum des Geschehens und nimmt einen Standpunkt außerhalb, sozusagen über den Figuren und ihren Handlungen ein, wo er Dinge über sie weiß, die dem in der Innenperspektive verbleibenden Erzähler nicht zugänglich sind.

Die Innenperspektive kann so beklemmend werden, so jede Distanz des Erzählens zum Erzählten vermissen lassen, daß man nicht weiß, was man damit anfangen soll:

*Neutraler Erzähler:*
*Besondere Erzählweise des ‚personalen' Erzählers, der dem Leser die erzählte Welt aus dem Blickpunkt und Bewußtseinshorizont einer Romanfigur darstellt. Vom ‚neutralen' Erzähler spricht man dann, wenn Figuren und Handlung ohne jede innere Beteiligung oder Erläuterung in ‚neutraler' Distanz vorgeführt werden.*

„Er war zum Fenster gegangen und sah ihr zu, wie sie langsam seinen Teller auf ihren stellte, dabei in der einen Hand die Löffel und das Messer hielt, die sie dann achtlos auf den Teller gleiten ließ. „Übrigens ist meine Hosennaht geplatzt", sagte er. „Ich ziehe die braune Hose an, die kann wohl längst gebügelt sein. Wo alle mit gebügelten Hosen rumlaufen, will ich nicht mit ungebügelten Hosen rumlaufen." Er ging leise ins Schlafzimmer und nahm die braune Hose aus dem Schrank. Als er zurückkam, saß sie wieder im Sessel. Sonst hatte sich nichts verändert, die Teller standen noch auf dem Tisch. Mit der Hand strich sie die Tischdecke glatt und zupfte noch eine Weile mit weit ausgebreiteten Armen an den Ecken. Als er mit der gebügelten Hose über dem Arm an ihr vorbeiging, lehnte sie sich wieder zurück, und er sah die Bewegung des Stoffes auf ihrem Rücken..."

Nicolas Born: Dunkelheit mit Lichtern, in: Nicolas Born: Täterskizzen, Reinbek: Rowohlt Verlag 1983

*Nicolas Born (1937–1979), Industriearbeiter, seit 1965 freier Schriftsteller, verarbeitet z. T. private, alltägliche Erfahrungen und Beobachtungen, die er durch sprachliche Verfremdung in den Bereich des Außergewöhnlichen zu rücken versucht.*

Andererseits kann die Außenperspektive so eine große Distanz zum Erzählten einnehmen, daß gar nicht mehr über die erzählte Geschichte, sondern allgemein über das Erzählen Betrachtungen angestellt werden, z. B.:

„Man kann eine Geschichte in der Mitte beginnen und vorwärts wie rückwärts kühn ausschreitend Verwirrung anstiften. Man kann sich modern geben, alle Zeiten, Entfernungen wegstreichen und hinterher verkünden oder verkünden lassen, man habe endlich und in letzter Stunde das Raum-Zeit-Problem gelöst. Man kann auch ganz zu Anfang behaupten, es sei heutzutage unmöglich, einen Roman zu schreiben, dann aber, sozusagen hinter dem eigenen Rücken, einen kräftigen Knüller hinlegen, um schließlich als letztmöglicher Romanschreiber dazustehn. Auch habe ich mir sagen lassen, daß es sich gut und bescheiden ausnimmt, wenn man anfangs beteuert: Es gibt keine Romanhelden mehr, weil es keine

Individualisten mehr gibt, weil die Individualität verloren gegangen, weil der Mensch einsam, jeder Mensch gleich einsam, ohne Recht auf individuelle Einsamkeit ist und eine namen- und heldenlos einsame Masse bildet. Das mag alles so sein und seine Richtigkeit haben. Für mich, Oskar, und meinen Pfleger Bruno möchte ich jedoch feststellen: Wir beide sind Helden, ganz verschiedene Helden, er hinter dem Guckloch, ich vor dem Guckloch; und wenn er die Tür aufmacht, sind wir beide, bei aller Freundschaft und Einsamkeit, noch immer keine namen- und heldenlose Masse..."

Günter Grass: Die Blechtrommel, Sammlung Luchterhand 147

*Günter Grass, geb. 1927 in Danzig, Steinmetz, Studium an der Kunstakademie, Aufenthalt in Paris, seit 1960 freier Schriftsteller in Berlin. In der ,Blechtrommel' (1959) Deformation eines Entwicklungsromans: Oskar Matzerath verharrt körperlich auf der Stufe eines Dreijährigen und zieht trommelnd durch das Danzig der Nazi-Zeit, später das Westdeutschland der Nachkriegsjahre. In der verzerrten Perspektive Entlarvung der Schmierigkeit einer inhumanen, widerlichen Welt.*

Hier findet eine regelrechte romantheoretische Auseinandersetzung statt: Der heute verbreiteten Auffassung, daß es keinen Romanhelden mehr geben könne, da das Menschenbild von der autonomen sittlichen Person nicht mehr gelte, wird die eigene Konzeption des ,Anti-Helden' Oskar entgegengehalten, womit der Vorschrift, es müsse einen individuellen Träger der Handlung geben, genügt werde. In dem Roman ,Der Erwählte' räsoniert Thomas Mann über das Phänomen des ,Erzählers':

„Wer läutet die Glocken? Die Glöckner nicht. Die sind auf die Straße gelaufen wie alles Volk, da es so ungeheuerlich läutet. Überzeugt euch: die Glockenstuben sind leer. Schlaff hängen die Seile, und dennoch wogen die Glocken, dröhnen die Klöppel. Wird man sagen, daß *niemand* sie läutet? – Nein, nur ein ungrammatischer Kopf ohne Logik wäre der Aussage fähig. „Es läuten die Glocken", das meint: sie werden geläutet, und seien die Stuben auch noch so leer. – Wer also läutet die Glocken Roms? – *Der Geist der Erzählung.* – Kann denn der überall sein..., zum Beispiel zugleich auf dem Turme von Sankt Georg in Velabro und droben in Santa Sabina?... An hundert weihlichen Orten auf einmal? – Allerdings, das vermag er. Er ist luftig, körperlos, allgegenwärtig, nicht unterworfen dem Unterschiede von Hier und Dort. Er ist es, der spricht: „Alle Glocken läuten", und folglich ist er's, der sie läutet. So geistig ist dieser Geist und so abstrakt, daß grammatisch nur in der dritten Person von ihm die Rede sein und es lediglich heißen kann: „Er ist's." Und doch kann er sich auch zusammenziehen zur Person, nämlich zur ersten, und sich verkörpern in jemanden, der in dieser spricht und spricht: „Ich bin es. Ich bin der Geist der Erzählung..."

*,Der Erwählte', 1951, Bearbeitung der mittelalterlichen Legende von Gregorius, dem ,guten Sünder', der, als Findelkind im Kloster erzogen, auf Abenteuer auszieht, unwissend seine Mutter heiratet, sühnt und schließlich Papst wird. Der Autor läßt sie von einem irischen Mönch in St. Gallen aufzeichnen, der sich selbst als ,Geist der Erzählung' bezeichnet.*

Hier ist genau jene Schwierigkeit zur Sprache gebracht, die darin besteht, daß die Instanz, welche die Erzählperspektive bestimmt, oft schwer zu fassen ist, es sei denn, es werde aus der Sichtweise einer der Handlungsfiguren erzählt, die im Erzähltext „ich" sagen, wie bei Thomas Mann der irische Mönch.
In einem weiteren Beispiel ist von der Gattungspoetik die Rede:

„Sie sprachen viel herüber und hinüber, und endlich war folgendes ungefähr das Resultat ihrer Unterhaltung:
Im Roman wie im Drama sehen wir menschliche Natur und Handlung. Der Unterschied beider Dichtungsarten liegt nicht bloß in der äußeren Form, nicht darin, daß die Personen in dem einen sprechen, und daß in dem andern gewöhnlich von ihnen erzählt wird. Leider viele Dramen sind nur dialogisierte Romane, und es wäre nicht unmöglich, ein Drama in Briefen zu schreiben.
Im Roman sollen vorzüglich *Gesinnungen* und *Begebenheiten* vorgestellt werden; im Drama *Charaktere* und *Taten*..."

Johann Wolfgang von Goethe: Wilhelm Meisters Lehrjahre V,7

*‚Wilhelm Meister' ist das erste gelungene Beispiel eines Bildungs- und Entwicklungsromans in Deutschland, in dem der innere und äußere Werdegang eines Menschen bis zu seiner Reife erzählt wird. Goethe hat von 1777 bis 1796 daran gearbeitet (‚Lehrjahre') und 1821 noch einen zweiten Teil dazu verfaßt (‚Wanderjahre').*

An den drei Beispielen für eine Außenperspektive, in der das Erzählen schlechthin thematisiert wird, kann man leicht erkennen, wie sich die literaturgeschichtliche Situation in solchen Betrachtungen spiegelt. Während sich Goethe auf der Höhe der bürgerlichen Literatur noch um die Abgrenzung der Gattungen bemüht, zeigt das ironische Spiel mit dem fiktionalen Charakter der Erzählung bei Thomas Mann, daß wir in der spätbürgerlichen Epoche sind, wogegen bei Günter Grass auf eine Diskussion Bezug genommen wird, in welcher der Roman bereits totgesagt ist, wir uns schon in nachbürgerlicher Zeit befinden.
Was nun die Ich-Erzählsituation angeht, welche oft als dritte Kategorie von der ‚auktorialen' und der ‚personalen' Erzählweise unterschieden wird, so können wir sie entweder der Außenperspektive oder der Innenperspektive zurechnen.
Einen ‚auktorialen' Ich-Erzähler finden wir in dem folgenden Beispiel:

*Der Erzähler ist eigentlich immer ein ‚Ich', ein erzählendes Subjekt. Nehmen wir die beiden Sätze (1) „Ich wurde gestern krank" und (2) „Else wurde gestern krank", so können wir sagen: In (1) spricht dieses erzählende Ich von sich selbst, in (2) über eine andere Person.*

„Indem ich die Feder ergreife, um in völliger Muße und Zurückgezogenheit – gesund übrigens, wenn auch müde, sehr müde (so daß ich wohl nur in kleinen Etappen und unter häufigem Ausruhen werde vorwärtsschreiten können), indem ich mich also anschicke, meine Geständnisse in der sauberen und gefälligen Handschrift, die mir eigen ist, dem geduldigen Papier anzuvertrauen, beschleicht mich das flüchtige Bedenken, ob ich diesem geistigen Unternehmen nach Vorbildung und Schule denn auch gewachsen bin. Allein, da alles, was ich mitzuteilen habe, sich aus meinen eigensten und unmittelbarsten Erfahrungen, Irrtümern und Leidenschaften zusammensetzt und ich also meinen Stoff vollkommen beherrsche, so könnte jener Zweifel höchstens den mir zu Gebote stehenden Takt und Anstand des Ausdrucks betreffen, und in diesen Dingen geben regelmäßige und wohlbeendete Studien nach meiner Meinung weit weniger den Ausschlag als natürliche Begabung und eine gute Kinderstube. An dieser hat es mir nicht gefehlt..."

Thomas Mann: Bekenntnisse des Hochstaplers Felix Krull. Der Memoiren erster Teil, 1, Frankfurt a. M.: S. Fischer Verlag

*‚Felix Krull', 1954, unvollendet, Erneuerung des Schelmenromans und Parodie auf den deutschen Bildungsroman, in der Dekadenz und Degeneration als Möglichkeiten der Daseinserweiterung dargestellt werden.*

In diesem Text spricht das ‚erinnernde', das ‚erzählende' Ich und bemüht sich, eine möglichst große Distanz zu dem, was es erzählen will, d. h. zum ‚erinnerten', ‚erlebenden' Ich aufzubauen. Natürlich ist die Außenperspektive eingeschränkt: Der Ich-Erzähler ist selbst ein Teil der Welt, die er erzählen will, es sind seine „eigensten... Erfahrungen, Irrtümer und Leidenschaften" (11/12), die in subjektiver Perspektive zur Darstellung kommen. Dritte Personen können nur geschildert werden, wie sie dem Augenzeugen erscheinen. Von inneren Vorgängen kann das Erzähler-Ich nur bei sich selbst berichten. Insofern nähert sich die Ich-Erzählung dem Wirklichkeitsbericht an und stellt sich in die Tradition der Autobiographie („Bekenntnisse", „Memoiren").
Hier ein Beispiel für einen ‚personalen' Ich-Erzähler:

„Mein Geschäft ruht ganz auf meinen Schultern. Zwei Fräulein mit Schreibmaschinen und Geschäftsbüchern im Vorzimmer, mein Zimmer mit Schreibtisch, Kasse, Beratungstisch, Klubsessel und Telephon, das ist mein ganzer Arbeitsapparat. So einfach zu überblicken, so leicht zu führen. Ich bin ganz jung und die Geschäfte rollen vor mir her. Ich klage nicht, ich klage nicht.
Seit Neujahr hat ein junger Mann die kleine, leerstehende Nebenwohnung, die ich ungeschickterweise so

lange zu mieten gezögert habe, frischweg gemietet. Auch ein Zimmer mit Vorzimmer, außerdem aber noch eine Küche. – Zimmer und Vorzimmer hätte ich wohl brauchen können – meine zwei Fräulein fühlten sich schon manchmal überlastet –, aber wozu hätte mir die Küche gedient? Dieses kleinliche Bedenken war daran schuld, daß ich mir die Wohnung habe nehmen lassen. Nun sitzt dort dieser junge Mann. Harras heißt er. Was er dort eigentlich macht, weiß ich nicht. Auf der Tür steht: ‚Harras, Bureau'. Ich habe Erkundigungen eingezogen, man hat mir mitgeteilt, es sei ein Geschäft ähnlich dem meinigen. Vor Kreditgewährung könne man nicht geradezu warnen, denn es handle sich doch um einen jungen, aufstrebenden Mann, dessen Sache vielleicht Zukunft habe, doch könne man zum Kredit nicht geradezu raten, denn gegenwärtig sei allem Anschein nach kein Vermögen vorhanden. Die übliche Auskunft, die man gibt, wenn man nichts weiß.

Manchmal treffe ich Harras auf der Treppe, er muß es immer außerordentlich eilig haben, er huscht förmlich an mir vorüber. Genau gesehen habe ich ihn noch gar nicht, den Büroschlüssel hat er schon vorbereitet in der Hand. Im Augenblick hat er die Tür geöffnet. Wie der Schwanz einer Ratte ist er hineingeglitten, und ich stehe wieder vor der Tafel ‚Harras, Bureau', die ich schon viel öfter gelesen habe, als sie es verdient.

Die elend dünnen Wände, die den ehrlich tätigen Mann verraten, den Unehrlichen aber decken. Mein Telephon ist an der Zimmerwand angebracht, die mich von meinem Nachbar trennt. Doch hebe ich das bloß als besonders ironische Tatsache hervor. Selbst wenn es an der entgegengesetzten Wand hinge, würde man in der Nebenwohnung alles hören. Ich habe mir abgewöhnt, den Namen der Kunden beim Telephon zu nennen. Aber es gehört natürlich nicht viel Schlauheit dazu, aus charakteristischen, aber unvermeidlichen Wendungen des Gesprächs die Namen zu erraten. – Manchmal umtanze ich, die Hörmuschel am Ohr, von Unruhe gestachelt, auf den Fußspitzen den Apparat und kann es doch nicht verhüten, daß Geheimnisse preisgegeben werden.

Natürlich werden dadurch meine geschäftlichen Entscheidungen unsicher, meine Stimme zittrig. Was macht Harras, während ich telephoniere? Wollte ich sehr übertreiben – aber das muß man oft, um sich Klarheit zu verschaffen –, so könnte ich sagen: Harras braucht kein Telephon, er benutzt meines, er hat sein Kanapee an die Wand gerückt und horcht, ich dagegen muß, wenn geläutet wird, zum Telephon laufen, die Wünsche des

Kunden entgegennehmen, schwerwiegende Entschlüsse fassen, großangelegte Überredungen ausführen – vor allem aber während des Ganzen unwillkürlich durch die Zimmerwand Harras Bericht erstatten. Vielleicht wartet er gar nicht das Ende des Gespräches ab, sondern erhebt sich nach der Gesprächsstelle, die ihn über den Fall genügend aufgeklärt hat, huscht nach seiner Gewohnheit durch die Stadt und, ehe ich die Hörmuschel aufgehängt habe, ist er vielleicht schon daran, mir entgegenzuarbeiten."

Franz Kafka: Der Nachbar, in: Sämtliche Erzählungen, Fischer Taschenbuch 1078, Frankfurt a. M. 1970, S. 300f.

*Kafka (1883–1924), aus jüdischer deutschsprachiger Familie, lebte in Prag, seit 1908 Jurist bei der Arbeiter-Unfall-Versicherungsanstalt, seit 1917 tuberkulosekrank. Auf die Bemerkung seines Verlegers, eine seiner Erzählungen sei qualvoll, ja peinlich zu lesen, antwortete er, „daß vielmehr unsere allgemeine und meine besondere Zeit gleichfalls sehr peinlich war und ist".*

Hier gibt sich der Ich-Erzähler so, als sei er in das Geschehen sozusagen eingeschlossen, ein Geschehen übrigens, das ja nur in seiner Einbildungskraft vor sich geht, die von Angst bestimmt ist. Diese innere Situation des Ich-Erzählers beeindruckt den Leser gerade dadurch, daß der Autor ihn ausschließlich mit Innenperspektive ausgestattet, ihn also streng ‚personal' angelegt hat.

*Der Ich-Erzähler bleibt mit seinem Argwohn gegenüber dem vermeintlichen Konkurrenten und mit seinen Minderwertigkeitskomplexen völlig allein. Ihm fehlt das Korrektiv einer Lebensorientierung, die ihn das innerlich Erlebte als sinnvoll erfahren lassen könnte.*

**Möglichkeiten der Erzählperspektive**

(1) Auktoriale Erzählsituation:
Der ‚allwissende' Erzähler organisiert die Elemente der Geschichte von einem Standpunkt außerhalb des Geschehens: Distanz

Erzähler
/ \
Ereignisse, Figuren, Zeit, Schauplatz

(2) Personale Erzählsituation:
Der Erzähler wählt seinen Standpunkt innerhalb des Geschehens und enthält sich erläuternder Bemerkungen: Unmittelbarkeit

Erzähler
/ \
Ereignisse, Figuren, Zeit, Schauplatz

(3) Ich-Erzählsituation:

– Auktorial
Der Ich-Erzähler organisiert als ‚erinnerndes' Ich die Elemente der Geschichte von einem Standpunkt außerhalb des Geschehens, in dem er als ‚erinnertes' Ich auftritt: Distanz

Sich erinnernder Ich-Erzähler
/ \
Erinnertes Ich, Ereignisse, Figuren, Zeit, Schauplatz

– Personal
Die beiden Ausprägungen des Ich (erzählendes und erlebendes Ich) fallen zusammen. Es gibt nur die Perspektive innerhalb des Geschehens: Unmittelbarkeit

Ich-Erzähler = erlebendes Ich
/ \
Ereignisse, Figuren, Zeit, Schauplatz

Mit dem Erzähler als eines erzähltechnischen Mittels, mit dessen Hilfe das Erzählte in eine bestimmte Perspektive gerückt wird, erfindet der Autor zugleich die textinterne Größe eines zur Erzählerrolle passenden Lesers. Man nennt ihn den impliziten (d. h. im Text vorgezeichneten) Leser. Der Autor verfaßt seinen Text nämlich so, daß der Leser damit diejenige Rezeptionsvorgabe erhält, die er je nach der Vorstellung, die er von der Kommunikation zwischen Autor und Leser besitzt, für nötig hält. Dieses Bild des Autors von seinem Leser nennen wir im Unterschied zu jener textinternen Größe den ‚idealen Leser'. Nehmen wir als Beispiel die groteske Erzählung von Wilhelm Busch auf S. 20f., so stellen wir fest: Der implizite Leser ist dadurch bestimmt, daß der Erzähler das Unglaubliche in einem Ton erzählt, als handle es sich um einen alltäglichen und selbstverständlichen Vorgang. Der Erzählerkommentar unterstreicht diesen Eindruck und läßt den (impliziten) Leser mit dem Widerspruch zwischen realistischer Erzählweise und phantastischem Geschehen allein. Der Autor hält diese Rezeptionsvorgabe für ausreichend, damit der (ideale) Leser den Widerspruch bemerkt und sich seinen Teil denkt, d. h., er rechnet mit einem Leser, der den grotesken Charakter der Geschichte erkennt.

*Rezeptionsvorgabe: Textmerkmale, durch welche die Aufnahme des Textes durch den Leser in bestimmter Weise beeinflußt und gesteuert wird. Die Rezeptionsvorgabe kann entweder dazu führen, daß der Leser sich auf das Erzählte und die Weise, in der es erzählt wird, einläßt oder aber sich dagegen sperrt.*

Einen anderen impliziten Leser finden wir in dem folgenden Beispiel:

„Die Kronprinzin von Preußen stand am Fenster und ihr Mann, der Kronprinz, nicht weit von ihr. Auf einmal rief die Prinzin: „Sieh mal, Lieber, dort auf jenem Dache, wie schön die Krähe auf einem Beine steht!" „Es ist gut", sagte alsbald der Prinz, „daß Papa sie nicht sieht, er würde ihr sonst Zulage geben."
Der ehrwürdige König von Preußen hatte nämlich eine Vorliebe für Tänzerinnen, und wenn die Berliner ihm einen Witz anhängen, so soll ihn immer der Kronprinz gemacht haben."

Jeremias Gotthelf, Sämtliche Werke, hg. v. R. Hunziker u. H. Bloesch, Erlenbach–Zürich: Rentsch 2. Aufl. 1943, Band 23, S. 210, abgedruckt in: Jürgen Hein (Hg.): Deutsche Anekdoten, Reclam UB 9825, Stuttgart 1976, S. 90

*Jeremias Gotthelf, eigentlich Albert Bitzius (1797–1854), Pfarrer im Kanton Bern, bedeutender Vertreter des Realismus. Seine Romane und Erzählungen spielen in der Berner Bauernwelt. Er verteidigt die bäuerlich-patriarchalische Ordnung, lehnt den liberalen Zeitgeist und die städtische Zivilisation ab.*

Der Text besteht aus einem Witz und einem Kommentar dazu. Der (implizite) Leser wird also mit dem Witz nicht allein gelassen wie bei der Groteske von Busch. Er erhält

vielmehr eine Rezeptionsvorgabe in Form einer Verständnishilfe für den Witz. Fragen wir nach dem idealen Leser, so können wir annehmen, daß der Schweizer Autor von Bauerngeschichten an einen Leser denkt, dem die Welt des preußischen Hofes genauso fernsteht wie ihm selbst. Er beantwortet deshalb in seinem Kommentar im voraus die Fragen, die er von diesem Leser erwartet und die er sich wahrscheinlich auch gestellt hat.
Die beiden Beispiele zeigen uns die Möglichkeiten der Autor-Leser-Kommunikation, welche den beiden Grundmöglichkeiten der Erzählsituation entsprechen:

- Der Text führt entweder eine offene Erzähler-Leser-Kommunikation, so daß der Erzähler den Leser in seine Distanz hineinnimmt, oder
- der Text verzichtet auf einen Erzähler-Leser-Dialog und versucht Unmittelbarkeit der Wahrnehmung zwischen Leser und Erzähltem herzustellen.

*Grundmöglichkeiten der Erzählsituation: ‚Auktorialer' und ‚personaler' Erzähler (s. o. S. 29).*

Es kommt vor, daß der Leser im Text auch explizit gemacht wird wie hier:

> „Entweder der Leser muß warm werden wie der Held, oder der Held wie der Leser erkalten. Ich weiß, daß von den besten Geschichtsschreibern neuerer Zeit und des Altertums manche sich an die erste Methode gehalten und das Herz ihres Lesers durch hinreißenden Vortrag bestochen haben. Aber diese Manier ist eine Usurpation des Schriftstellers und beleidigt die republikanische Freiheit des lesenden Publikums, dem es zukömmt, selbst zu Gericht zu sitzen; sie ist zugleich eine Verletzung der Grenzgerechtigkeit, denn diese Methode gehört ausschließend und eigentümlich dem Redner und Dichter. Dem Geschichtsschreiber bleibt nur die letztere übrig . . ."
>
> Friedrich Schiller: Der Verbrecher aus verlorener Ehre, Reclam UB 8891, Stuttgart 1981 (1964), S. 4f.

*‚Verbrecher aus Infamie", 1786, Kriminalerzählung, in der Schiller am Beispiel des zum Räuber gewordenen, aber reuigen Wirtssohns Christian Wolf zeigen will, daß menschliches Handeln Ergebnis sowohl der „unveränderlichen Struktur der menschlichen Seele" wie der „veränderlichen Bedingungen" der Umwelt sei.*

Der Erzähler versteht sich hier nicht als Dichter (12), weil er eine „wahre Geschichte" erzählt. Deshalb verzichtet er darauf, den Leser zu rühren und zu bewegen (5/6), und definiert seinen Leser als jemand, der unbeeinflußt (7/8) den ihm vorgetragenen Fall beurteilen soll (9). Während also der implizite Leser als textinterne Gegebenheit aus Textmerkmalen erst erschlossen werden muß, wird der explizite Leser vom Erzähler selbst charakterisiert. Die

Frage aber, ob damit die Unterscheidung des impliziten (im Text vorgezeichneten) und des idealen (vom Autor gedachten) Lesers überflüssig wird, ist schwer zu beantworten. Liest man die Erzählung zuende, dann sieht man, daß sich Schiller doch „an die erste Methode gehalten" (4/5) hat, an die dichterische (11/12). Seine Darstellung zieht den Leser in ihren Bann, vor allem die große Schlußszene, die in einem großen Spannungsbogen ganz auf den Schlußsatz hin gebaut ist: „Ich bin der Sonnenwirt." Eine solche Rezeptionsvorgabe weist darauf hin, daß der implizite Leser doch von dem hier explizierten zu unterscheiden ist. Wer aber sagt, daß dieser dem idealen Leser entspricht? Dem „zu Gericht" sitzenden Leser (9) steht ein Erzähler gegenüber, der wie ein Strafverteidiger für seinen Mandanten Verständnis zu wecken weiß.

Schließlich gibt es den realen Leser, der – so gut er es kann – die Rezeptionsvorgaben des Textes zu verwirklichen, der Leserlenkung durch den impliziten Leser zu folgen und sich den Text zur Gegenwärtigkeit und zum Bewußtsein zu bringen versucht. Man kann sich nicht genug klarmachen, was dieser reale Leser bei der Verwirklichung des Textes im Akt des Lesens leistet. Er macht aus der in der Erzählung beschriebenen und erzählten Wirklichkeit die Vorstellung einer vollständigen, d. h. in unendlich vielen Punkten bestimmten Welt, obwohl doch die Erzählung nur eine begrenzte Zahl von Sätzen und Wörtern enthält. So wählt z. B. der Autor aus dem Raumkontinuum eines Schauplatzes und aus dem Zeitkontinuum einer Geschehensabfolge nur einzelne Momente beim Erzählen aus:

*„Autor und Leser also teilen sich in das Spiel der Phantasie, das überhaupt nicht in Gang käme, beanspruchte der Text mehr, als nur Spielregel zu sein. Denn das Lesen wird erst dort zum Vergnügen, wo unsere Produktivität ins Spiel kommt, und das heißt, wo Texte eine Chance bieten, unsere Vermögen zu betätigen."*
*(Wolfgang Iser: Der Akt des Lesens, UTB 636, München: Fink 1976, S. 176)*

„Dem ‚Weglassen' durch den gestaltenden Künstler entspricht aber immer auch ein ‚Ergänzen' im Bewußtsein des anschauenden Betrachters oder des Lesers. Die Notwendigkeit, das in Selektion Dargestellte in seinem Vorstellungsbild wieder zu ergänzen und aufzufüllen, ergibt sich für den Leser aus dem Umstand, daß ... Raum und Zeit in der Erfahrung der Wirklichkeit wie auch in der Vorstellung bei der Lektüre keinen ‚Abbruch' dulden. Der Leser ist daher ständig veranlaßt, gerade dort, wo der Autor die beschriebene Wirklichkeit selektiert, diese in seiner Vorstellung wieder soweit zu komplettieren, daß sich die Illusion der Zeit- und Raumkontinua für das erzählte Geschehen wieder einstellt ..." (Franz K. Stanzel: Die Komplementärgeschichte. Entwurf einer leserorientierten Romantheorie, in: Gerhard Köpf, Helmut Popp (Hg.): Erzählen 1, Studientexte für die Kollegstufe, 2., verb. Aufl., München: Oldenbourg 1980, S. 79)

Die Phantasietätigkeit des Lesers bei der Lektüre hat also kreativen Charakter, ist eine Art ‚Mitverfasserschaft'. Er ‚erschafft' aufgrund der Rezeptionsvorgaben des Textes beim Lesen seine eigene Bilderwelt, die durch seine individuelle Weltkenntnis und Lebenserfahrung bedingt ist, und bereichert diese Kenntnis und Erfahrung wiederum durch die Lektüre.

*„Der große Unterschied zwischen diesen ‚Lesebildern' und den Bildern, die wir beim Fernsehen aufnehmen, ist folgender: Beim Lesen erschaffen wir unsere eigenen Bilder, die auf unseren persönlichen Lebenserfahrungen basieren und unsere eigenen, individuellen Bedürfnisse widerspiegeln, während wir beim Fernsehen die Bilder akzeptieren müssen, die wir geboten bekommen." (Marie Winn: Die Droge im Wohnzimmer, Reinbek bei Hamburg: Rowohlt 1979, S. 79)*

**Kommunikation zwischen Erzähler und Leser**

(1) Erzählsituation und Leser:

a) Auktorialer Erzähler:
- Erkennbare Leser-Erzähler-Kommunikation, gemeinsame Distanz zur Erzählung
- Offenlegen von Erzähler-Entscheidungen (z. B. über Auswahl, Vorgriff, Zusammenfassung o. ä.)
- Aufforderungen an die Leser-Reflexion, mit dem Erzähler über Erzähltes oder über das Erzählen nachzudenken

b) Personaler Erzähler:
- Versuch, zwischen Leser und Erzählung Unmittelbarkeit der Wahrnehmung herzustellen
- Keine Kommentare oder Erläuterungen des Erzählers als Verständnishilfe
- Leser-Reflexion soll über die Identifikation mit dem Erzählten laufen

(2) Aspekte des Lesers:
- Idealer Leser: Vorstellung des Autors von seinem Leser
- Impliziter Leser: Textinterne Größe, die den Leseakt steuert, entsprechend der Erzählsituation
- Expliziter Leser: Im Text zur Sprache kommendes Bild des Erzählers vom Leser
- Realer Leser: Er verwirklicht mit Hilfe der Rezeptionsvorgaben des Textes in eigener Phantasietätigkeit den Bedeutungszusammenhang des Textes und füllt die in der Erzählung verbliebenen Lücken zum Ganzen der erzählten Welt.

# 5. Die Zeitgestaltung in erzählenden Texten

Zum Wesen des Erzählens gehört die Zeit, d. h. das Aufeinanderfolgen erzählerischer Aussagen, ihre ‚Sukzessivität'. Dieses Aufeinanderfolgen steht in Spannung zur Abfolge der verschiedenen Ereignisse auf der Ebene des erzählten Geschehens. Was dort z. B. gleichzeitig geschieht, kann nur nacheinander erzählt werden. Was sich dort über Jahre erstreckt, muß beim Erzählen gerafft, kann nur erzählt werden, wenn vieles weggelassen wird. Aus den zeitlichen Gegebenheiten, die auf der Ebene des Geschehens gelten, muß daher auf der Ebene der Erzählung eine eigene zeitliche Ordnung gestaltet werden. Diese Zeitgestaltung erfolgt unter mehreren Gesichtspunkten:

(1) Der Ausschnitt:

Eine Geschichte muß Anfang und Ende haben. Der Ausschnitt aus der unabsehbaren Geschehensfolge, sei sie wirklich oder vorstellbar, muß so getroffen werden, daß zwischen Ausgangslage und Endzustand durch Ereignisse und Handlungen eine erzählenswerte Veränderung der Menschen und Dinge möglich wird. Und die Ausgangslage muß Anfang einer Geschichte, der Endzustand muß sinnvoller Abschluß einer Geschichte sein können.

*‚Pole Poppenspäler', Novelle, 1875, als Jugendlektüre verfaßt. Der Ich-Erzähler – sein Spitzname bildet den Titel – erinnert sich der glücklichen Zeit mit Lisei, die mit einer Puppenspielerfamilie ins Dorf kam. Später heiratet er die in Not Geratene und führt trotz der Ablehnung, welche die ‚Fremde' im Dorf findet, eine glückliche Ehe mit ihr.*

**Möglichkeiten für den Anfang erzählender Texte**

| | | |
|---|---|---|
| (1) Vorwort | Hinführung zur Geschichte unter besonderem Gesichtspunkt (Begründung des Erzählens, Rechtfertigung des Themas o. ä.) | Theodor Storm: Pole Poppenspäler |

| | | | |
|---|---|---|---|
| (2) Mit dem Beginn der Geschichte | Entfaltung der Geschichte von der Vorgeschichte her („Es war einmal...") | Johann Peter Hebel: Unverhofftes Wiedersehen | *Vgl. S. 38ff.* |
| (3) Mitten in der Geschichte | Wahl eines bestimmten Geschehensmoments, von dem aus die ganze Geschichte entwickelt wird | Thomas Mann: Buddenbrooks | *Vgl. S. 23* |
| (4) Am Ende der Geschichte | Ausgang von einem Endzustand, dessen Zustandekommen thematisiert und erzählt wird | Friedrich Dürrenmatt: Das Versprechen | |

*‚Das Versprechen. Requiem auf den Kriminalroman", 1958. Der Kommissar verspricht den Eltern eines dem Sexualmord zum Opfer gefallenen Mädchens, den Täter zu finden. Doch der Einsatz polizeilicher Kombinationsgabe verfehlt das Ziel. Ein unvorhersehbarer Zufall entlarvt den Mörder. Der Kommissar erfüllt zwar sein Versprechen, ist jedoch als Detektiv gescheitert.*

**Möglichkeiten für den Schluß erzählender Texte**

| | | |
|---|---|---|
| (1) Geschlossenes Ende | Typische Schlußsituationen (Heirat, Tod, Wiedervereinigung o. ä.) | Theodor Fontane: Frau Jenny Treibel |
| (2) Erwartetes Ende | Spannungslösung, Entwirrung der Handlungsfäden, Enthüllung eines Geheimnisses | Max Frisch: Homo Faber |
| (3) Überraschendes Ende | Unerwartete Wendung des Geschehens, Eingreifen einer ‚fremden Macht' (‚deus ex machina') | Joseph Roth: Hiob |
| (4) Offenes Ende | Weiterbestehen des Konflikts oder Problems | Max Frisch: Stiller |

*Zum ‚Homo Faber' vgl. S. 55f.*

*‚Hiob. Roman eines einfachen Mannes', 1930. Der moderne Hiob, Mendel Singer, vor dem Ersten Weltkrieg in Galizien zuhause, hat Unglück mit seinen Kindern, das ihn auch nach der Auswanderung in den USA nicht verläßt, so daß er sich von Gott abwendet. Die wunderbare Heilung des jüngsten, behinderten Kindes, das ein großer Künstler geworden ist, versöhnt ihn mit seinem Schicksal.*

*Näheres zum Roman ‚Stiller' auf S. 69f., zu Max Frisch auf S. 8*

## (2) Die Dauer:

Der Erzähler muß Vorgänge, deren Ablauf in der Wirklichkeit unter Umständen recht lange dauern würde, auf wenigen Seiten abhandeln. Zu diesem Zweck wird er vieles weglassen, einiges besonders akzentuieren, ganze Geschehensabschnitte und Handlungsabläufe mit wenigen Worten zusammenfassen. Er bedient sich dabei einer Besonderheit der menschlichen Auffassungsgabe, die darin besteht, daß der Leser aus den Einzelheiten des Erzählten in seiner Vorstellung wieder ein Ganzes macht, d. h. das Weggelassene ergänzt und aus den berichteten Zeitabschnitten ein Zeitkontinuum bildet. Der sukzessive Aufbau der Erzählung weicht – in wechselndem Maße und auf wechselnde Weise – von der Sukzession des vorgestellten Geschehens ab. Thomas Mann hat diese sozusagen ‚zweigleisige' Zeitstruktur der erzählenden Dichtung folgendermaßen charakterisiert:

*‚Der Zauberberg', 1924. In einer Schweizer Lungenheilanstalt führen die Patienten ein Leben fernab von den Regeln des tätigen Lebens, verlieren das Gefühl für die Zeit, spiegeln gleichwohl die Pathologie der Gesellschaft wider. Der Held dieses, neben den ‚Buddenbrooks', wichtigsten Romans von Thomas Mann, Hans Castorp, betrachtet die Szene mit kritisch geschärftem Blick und verläßt sie 1914, um in den Krieg zu gehen.*

> „Die Erzählung ... hat zweierlei Zeit: ihre eigene erstens, die musikalisch reale, die ihren Ablauf, ihre Erscheinung bedingt; zweitens aber die ihres Inhalts, die perspektivisch ist, und zwar in so verschiedenem Maße, daß die imaginäre Zeit der Erzählung fast, ja völlig mit ihrer musikalischen zusammenfallen, sich aber auch sternenweit von ihr entfernen kann."
>
> Thomas Mann: Der Zauberberg. Gesammelte Werke in 12 Bänden, Bd. 3, Frankfurt a. M.: S. Fischer 1960, S. 748f.

Was hier die „musikalisch reale" Zeit der Erzählung heißt, die Spanne also, die man braucht, um sie zu lesen, nennen wir Erzählzeit. Dieser Erzählzeit steht die innere Zeitdimension der Erzählung gegenüber, die der Text „Zeit des Inhalts" nennt, jene Spanne also, welche die erzählten und vom Leser bei der Lektüre vorgestellten Geschehnisse in der Wirklichkeit für ihren Ablauf benötigen. Sie nennen wir erzählte Zeit. Das Verhältnis von erzählter Wirklichkeit und sprachlicher Wiedergabe, das Zeitgerüst der Erzählung, kann erzähltechnisch auf verschiedene Weise gestaltet werden. Sind beide von gleicher Dauer, so spricht man von zeitdeckendem Erzählen (z. B. bei Wiedergabe direkter Rede). Wird die Erzählzeit länger als die erzählte Zeit (z. B. bei der Darstellung schnell ablaufender Bewußtseinsprozesse), so heißt das zeitdehnendes Erzählen. Am häufigsten ist die dritte Art der erzählerischen Veränderung der wirklichen Geschehensfolge, das zeitraffende Erzählen. Schließlich gibt es die Möglichkeit, Geschehensabschnitte auszulassen, die der Leser mit seiner Phantasie ergänzt, und als Erzähler zu sprechen, ohne daß etwas geschieht (z. B. Kommentare, Betrachtungen usw.).

*Zeitdehnendes Erzählen: Vergleichbar mit der Zeitlupe beim Film.*

*Zeitraffendes Erzählen: Vergleichbar mit dem Zeitraffer beim Film.*

**Möglichkeiten der Zeitgestaltung in Erzähltexten**

| | Erzählzeit | Erzählte Zeit |
|---|---|---|
| (1) Zeitraffung | Erzählzeit kleiner als erzählte Zeit | |
| (2) Aussparung | keine | läuft weiter |
| (3) Zeitdeckung | Erzählzeit gleich erzählter Zeit | |
| (4) Zeitdehnung | Erzählzeit größer als erzählte Zeit | |
| (5) Pause | Erzähler spricht | kein Geschehen |

(3) Die Reihenfolge:

Es gibt viele Möglichkeiten, die Reihung der für die Geschichte ausgewählten Ereignisse und Handlungen zu organisieren. Schon in der Antike hat man gesehen, daß mit dem chronologischen Erzählen, das der Reihenfolge der realen Ereignisse folgt, die Gefahr der Einförmigkeit und Langeweile verbunden ist. Deshalb finden wir oft alternative Konzepte der Zeitgestaltung in erzählenden Texten.

*Zum ‚Amulett' vgl. S. 50*

*‚Billard um halbzehn', 1959. Der Roman umspannt drei Generationen einer rheinischen Architektenfamilie und ihres Lebenswerkes, einer Abtei, die von der ersten erbaut, von der nächsten bei Kriegsende zerstört und von der dritten wieder errichtet wird. Anhand der Rahmenhandlung eines einzigen Tages wird ein Bild der neueren deutschen Geschichte entworfen.*

**Möglichkeiten der Reihenfolge in Erzähltexten**

| | | |
|---|---|---|
| (1) chronologisch | Sukzession der erzählten Ereignisse in natürlicher Zeitfolge | Conrad Ferdinand Meyer: Das Amulett |
| (2) anachronisch | Durchbrechung der natürlichen Zeitfolge | Heinrich Böll: Billard um halbzehn |

| | | |
|---|---|---|
| (3) logisch | Organisation der Ereignisse im Sinne von Kontrastierungen, Entsprechungen, Parallelen u. a. | Max Frisch: Stiller |
| (4) zufällig | Anscheinend nicht logische und nicht chronologische Anordnung im Sinne von Zufall, Wahrscheinlichkeit u. ä. | Max Frisch: Mein Name sei Gantenbein |

*Im ‚Gantenbein' entwickelt Frisch das Konzept der Doppelrolle Stiller/White (s. u. S. 69ff.) zu einem Spiel mit vielen Rollen weiter, die der Erzähler wechselt „wie Kleider", wenn sie ihm nicht mehr gefallen.*

Erzählerische Mittel für die Komposition bei Abweichung von der natürlichen Zeitfolge sind Rückwendungen und Vorausdeutungen in verschiedener Form. Bei Rückwendungen verläßt der Erzähler nicht das ‚Jetzt' des Zeitverlaufs, er unterbricht es nur, um ein Stück früherer Vergangenheit in das erreichte Geschehensmoment einzuführen. Seine Intention kann dabei z. B. darin bestehen, vergangene Vorgänge in anderem Licht erscheinen zu lassen, oder aber darin, das erreichte Geschehensmoment durch den Rückgriff auf vergangene Vorgänge in bestimmter Weise zu deuten. Die Gegenwart kann dabei z. B. als Erfüllung einer Vergangenheit erscheinen oder auch als Kontrast zu ihr. Vorausdeutungen schaffen ein Gegengewicht gegen Rückwendungen, können die Spannung erhöhen oder einen symbolischen Hinweis geben, der dem Leser den Sinn der weiteren Handlung erschließen hilft. Rückwendungen und Vorausdeutungen sind unterschiedlich zu verstehen, je nachdem sie aus dem Munde eines auktorialen oder eines personalen Erzählers kommen. Wenn der Erzähler seinen Standpunkt innerhalb des Geschehens hat, werden die Vorausdeutungen zukunftsungewiß, die Rückwendungen sind perspektivisch verengt.

*Der Stoff war 1809 in einer Zeitschrift publiziert worden, deren Herausgeber zu seiner dichterischen Behandlung aufforderte. Hebel machte 1811 eine Kalendergeschichte für den ‚Rheini-*

**Johann Peter Hebel: Unverhofftes Wiedersehen**

„In Falun in Schweden küßte vor guten fünfzig Jahren und mehr ein junger Bergmann seine junge hübsche Braut und sagte zu ihr: „Auf Sankt Luciä wird unsere Liebe von des Priesters Hand gesegnet. Dann sind wir

Mann und Weib und bauen uns ein eigenes Nestlein." – „Und Friede und Liebe soll darin wohnen", sagte die schöne Braut mit holdem Lächeln, „denn du bist mein einziges und alles, und ohne dich möchte ich lieber im Grab sein als an einem andern Ort." Als sie aber vor St. Luciä der Pfarrer zum zweitenmal in der Kirche ausgerufen hatte: „So nun jemand Hindernis wüßte anzuzeigen, warum diese Personen nicht möchten ehelich zusammenkommen", da meldete sich der Tod. Denn als der Jüngling den andern Morgen in seiner schwarzen Bergmannskleidung an ihrem Haus vorbeiging, der Bergmann hat sein Totenkleid immer an, da klopfte er zwar noch einmal an ihrem Fenster und sagte ihr guten Morgen, aber keinen guten Abend mehr. Er kam nimmer aus dem Bergwerk zurück, und sie saumte vergeblich selbigen Morgen ein schwarzes Halstuch mit rotem Rand für ihn zum Hochzeitstag, sondern als er nimmer kam, legte sie es weg und weinte um ihn und vergaß ihn nie. Unterdessen wurde die Stadt Lissabon in Portugal durch ein Erdbeben zerstört, und der Siebenjährige Krieg ging vorüber, und Kaiser Franz der Erste starb, und der Jesuitenorden wurde aufgehoben und Polen geteilt, und die Kaiserin Maria Theresia starb, und der Struensee wurde hingerichtet. Amerika wurde frei, und die vereinigte französische und spanische Macht konnte Gibraltar nicht erobern. Die Türken schlossen den General Stein in der Veteraner Höhle in Ungarn ein, und der Kaiser Joseph starb auch. Der König Gustav von Schweden eroberte russisch Finnland, und die Französische Revolution und der lange Krieg fing an, und der Kaiser Leopold der Zweite ging auch ins Grab. Napoleon eroberte Preußen, und die Engländer bombardierten Kopenhagen, und die Ackerleute säeten und schnitten. Der Müller mahlte, und die Schmiede hämmerten, und die Bergleute gruben nach den Metalladern in ihrer unterirdischen Werkstatt. Als aber die Bergleute in Falun im Jahr 1809 etwas vor oder nach Johannis zwischen zwei Schachten eine Öffnung durchgraben wollten, gute dreihundert Ellen tief unter dem Boden, gruben sie aus dem Schutt und Vitriolwasser den Leichnam eines Jünglings heraus, der ganz mit Eisenvitriol durchdrungen, sonst aber unverwest und unverändert war; also daß man seine Gesichtszüge und sein Alter noch völlig erkennen konnte, als wenn er erst vor einer Stunde gestorben oder ein wenig eingeschlafen wäre an der Arbeit. Als man ihn aber zu Tag ausgefördert hatte, Vater und Mutter, Gefreundte und Bekannte waren schon lange tot, kein Mensch wollte den schlafenden Jüngling

*schen Hausfreund' daraus, also eine Fassung, die für ein breites Lesepublikum bestimmt war, das neben Bibel und Gesangbuch nur den Kalender als Lesemedium kannte.*

*Erdbeben in Lissabon 1755, Siebenjähriger Krieg 1756–63, Kaiser Franz I. gest. 1765, Aufhebung des Jesuitenordens 1773, Teilungen Polens 1772, 1793, 1795, Kaiserin Maria Theresia gest. 1780, Graf Struensee, dänischer Minister, hingerichtet 1772, Unabhängigkeitserklärung Amerikas 1776, Belagerung Gibraltars 1783, Einschließung des Generals Stein 1787, Kaiser Joseph II. gest. 1790, Gustav III. erobert Finnland 1790, Französische Revolution 1789, Beginn der Kriege Frankreichs gegen die europäische Koalition 1792, Kaiser Leopold II. gest. 1792, Napoleon erobert Preußen 1806, Beschießung Kopenhagens 1807.*

*Johann Peter Hebel (1760–1826), Gymnasialdirektor in Karlsruhe, ab 1819 ‚Prälat‘ der evangelischen Landeskirche Badens, 1803 ‚Alemannische Gedichte‘, Herausgeber des Kalenders ‚Rheinländischer Hausfreund‘, aus dem er die bekanntesten Beiträge im ‚Schatzkästlein des rheinischen Hausfreunds‘ (1811) herausgab.*

kennen oder etwas von seinem Unglück wissen, bis die ehemalige Verlobte des Bergmanns kam, der eines Tages auf die Schicht gegangen war und nimmer zurückkehrte. Grau und zusammengeschrumpft kam sie an einer Krücke an den Platz und erkannte ihren Bräutigam; und mehr mit freudigem Entzücken als mit Schmerz sank sie auf die geliebte Leiche nieder, und erst als sie sich von einer langen heftigen Bewegung des Gemüts erholt hatte, „es ist mein Verlobter“, sagte sie endlich, „um den ich fünfzig Jahre lang getrauert hatte und den mich Gott noch einmal sehen läßt vor meinem Ende. Acht Tage vor der Hochzeit ist er unter die Erde gegangen und nimmer heraufgekommen.“ Da wurden die Gemüter aller Umstehenden von Wehmut und Tränen ergriffen, als sie sahen die ehemalige Braut jetzt in der Gestalt des hingewelkten kraftlosen Alters und den Bräutigam noch in seiner jugendlichen Schöne, und wie in ihrer Brust nach fünfzig Jahren die Flammen der jugendlichen Liebe noch einmal erwachte; aber er öffnete den Mund nimmer zum Lächeln oder die Augen zum Wiedererkennen; und wie sie ihn endlich von den Bergleuten in ihr Stüblein tragen ließ, als die einzige, die ihm angehöre und ein Recht an ihn habe, bis sein Grab gerüstet sei auf dem Kirchhof. Den andern Tag, als das Grab gerüstet war auf dem Kirchhof und ihn die Bergleute holten, schloß sie ein Kästlein auf, legte ihm das schwarzseidene Halstuch mit roten Streifen um und begleitete ihn alsdann in ihrem Sonntagsgewand, als wenn es ihr Hochzeittag und nicht der Tag seiner Beerdigung wäre. Denn als man ihn auf dem Kirchhof ins Grab legte, sagte sie: „Schlafe nun wohl, noch einen Tag oder zehen im kühlen Hochzeitbett, und laß dir die Zeit nicht lang werden. Ich habe nur noch wenig zu tun und komme bald, und bald wird's wieder Tag. – Was die Erde einmal wiedergegeben hat, wird sie zum zweitenmal auch nicht behalten“, sagte sie, als sie fortging und noch einmal umschaute.“

Winfried Theiss (Hg.): Johann Peter Hebel, Schatzkästlein des rheinischen Hausfreundes, Kritische Gesamtausgabe, Reclam UB 142, Stuttgart 1981, S. 283ff.

An dem Merkmal des Wechsels von breit erzählten und nicht erzählten oder stark gerafften Zeitspannen lassen sich deutlich drei Erzählphasen erkennen:

(1) Die erste Phase (1–22) besteht aus drei knapp angedeuteten Szenen (Brautkuß 1–9, Aufgebot 9–13,

Abschied 13–22). Abgesehen von der zeitdeckenden Wechselrede (1–9) liegt Zeitraffung vor, da Geschehnisse, die sich innerhalb von etwa drei Tagen abspielen (‚erzählte Zeit'), in 22 Zeilen (‚Erzählzeit') behandelt werden.

(2) In der zweiten Erzählphase (22–39) wird die erzählte Zeit ungleich stärker gerafft: Der Ablauf eines halben Jahrhunderts wird in nur 18 Zeilen vergegenwärtigt. Wie ist diese Phase aufgebaut? Zunächst weitet sich die Erzählperspektive, die vorher auf das private Schicksal der beiden Hauptfiguren beschränkt war, ins Welthistorische. Von der zurückbleibenden Braut ist nur überleitend noch die Rede („und vergaß ihn nie" 22). Der ‚allwissende' auktoriale Erzähler veranschaulicht den Fluß der Zeit durch eine Aufzählung geschichtlicher Ereignisse, die den Leser durch ganz Europa führen. Die 21 Glieder der Aufzählung sind alle nur durch „und" verbunden, wodurch die Vorstellung eines Zeitkontinuums erzeugt wird. Das letzte der 17 historischen Ereignisse führt geographisch an den Schauplatz heran („Kopenhagen" 36), während die letzten vier Glieder der Aufzählung nicht mehr von Kaisern und Schlachten, sondern von ‚kleinen Leuten' („Ackerleute", „Müller", „Schmiede" 37/38, „Bergleute" 39) handeln, wobei wir mit dem letztgenannten Beruf wieder in die eigentliche Geschichte hineinkommen.

Im Hinblick auf die erzählerische Technik der Zeitraffung ist die Aufzählung dadurch interessant, daß der Zeitablauf einmal durch herausragende politisch-historische Ereignisse angedeutet wird, die aufeinander folgen (‚sukzessive Raffung'), zum zweiten aber durch die Nennung von durchgängigen, andauernden menschlichen Tätigkeiten (‚iterative' bzw. ‚durative Raffung'). Neben der Abfolge der historisch einmaligen Ereignisse geht das alltägliche Leben seinen gleichbleibenden Gang.

*Zur Zeitraffung vgl. S. 37.*

(3) Die dritte Erzählphase (40–89) zeigt zwei Szenen, das ‚unverhoffte Wiedersehen' (40–76) und den Abschied auf dem Kirchhof (76–89). Der Leser erfährt nun, daß der lange Zeitlauf seine Wirkung getan hat. Die „junge hübsche Braut" (2) tritt nun „in der Gestalt des hingewelkten kraftlosen Alters" (68) auf. Der im Eisenvitriol unverändert gebliebene Leichnam (45/46) aber bildet den Hin-

tergrund, von dem sich diese Hinfälligkeit um so deutlicher abhebt. Der Ablauf der Zeit beherrscht das Leben, das dem Tod entgegeneilt. Die Treue aber vermag die Zeit zu überdauern.

„Zusammenfassend wäre zu sagen, daß Hebel hier das Mittel der epischen Zeitraffung mit großer stilistischer Meisterschaft einsetzt, um das zentrale Thema der *Zeit* sprachlich zu veranschaulichen. In der Tat scheint der Leser den Ablauf jener fünfzig Jahre förmlich zu spüren, was auf die kunstvolle sprachliche Rhythmisierung der Raffung zurückzuführen ist. Die Technik läßt sich am anschaulichsten in Begriffen des Films skizzieren: zu Beginn der Raffung ‚schwenkt' die ‚Kamera' von der engen Szene zu einer panoramatischen Überschau. Zugleich wird wie im ‚Zeitraffer' der Ablauf der Zeit künstlich beschleunigt und dadurch bewußt gemacht. Dann schwenkt die Perspektive allmählich wieder zurück und gleicht das Tempo dem des ‚normalen' Zeitverlaufs an." (Jochen Vogt: Aspekte erzählender Prosa, 4. Aufl., Opladen: Westdeutscher Verlag 1979, S. 48)

Die drei Erzählphasen werden auch durch Rückblick und Vorausdeutung zusammengehalten, die ebenfalls das Thema der Geschichte betonen. Die Zukunftsaussage des jungen Bergmanns: „Auf Sankt Luciä wird unsere Liebe von des Priesters Hand gesegnet" (3/4) wird sich zwar nicht erfüllen, doch gibt ihr die ehemalige Braut im Rückblick doch noch einen Sinn: „Es ist mein Verlobter . . ., um den ich fünfzig Jahre getrauert hatte und den mich Gott noch einmal sehen läßt vor meinem Ende . . ." (60–65). Denn die Zukunftsaussage der Braut am Ende der Geschichte („Ich habe nur noch wenig zu tun . . ." 84/85) stellt die Hinfälligkeit des menschlichen Lebens unter die religiöse Hoffnung auf Auferstehung: „Was die Erde einmal wiedergegeben hat, wird sie zum zweitenmal auch nicht behalten" (86/87).

# 6. Der Raum als Schauplatz von Geschichten

Ereignisse finden stets irgendwo statt, sei es an einem Ort, den es in Wirklichkeit gibt (z. B. in der schwedischen Bergbaustadt Falun; vgl. S. 38), sei es an einem Ort, der nur in der Phantasie existiert (z. B. im Schlaraffenland). Die erzählerische Gestaltung des Raumes hängt deshalb aufs engste mit den anderen Elementen der Geschichte zusammen.

*Schlaraffenland: Lügenmärchen von einem Wunderland, in dem sich alle Genüsse von selbst anbieten; seit der Antike in vielen Literaturen und auch mündlich verbreitet (Brüder Grimm: Kinder- und Hausmärchen (KHM) Nr. 158).*

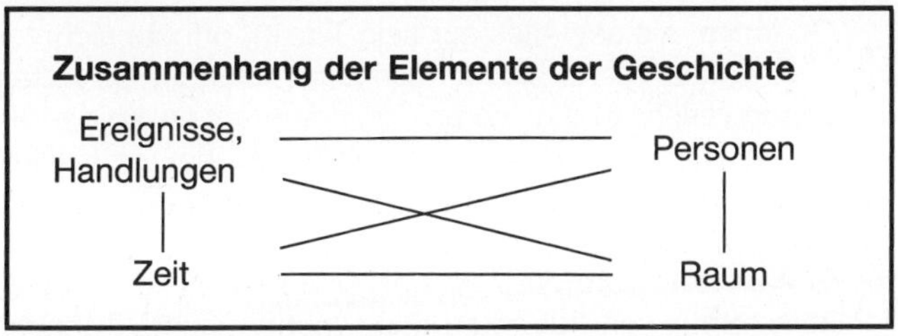


Als Beispiel für die enge Zuordnung dieser Elemente können wir die Geschichte ‚Der Nachbar' von Franz Kafka nehmen, die auf S. 27ff. als Beleg für den personalen Ich-Erzähler angeführt wurde. Dort ist die räumliche Anordnung der beiden Büros mitsamt dem Umstand, daß die Nebenwohnung (8–10) „außerdem aber noch eine Küche" (11/12) besitzt, die notwendige Voraussetzung dafür, daß in der Person des Ich-Erzählers ein Gefühl des Bedrohtseins entsteht und die Selbstsicherheit in dem Maße abnimmt, wie die Angst vor dem eingebildeten Konkurrenten wächst. In diesem seelischen Prozeß wird die Wand zwischen den beiden Büros aus einem trennenden Element uminterpretiert und erscheint dem Ich-Erzähler schließlich geradezu als eine Öffnung („durch die Zimmerwand . . . Bericht erstatten" 60/61). Der zeitliche Verlauf dieses inneren Vorgangs ist dadurch charakterisiert, daß die Handlungen des Nachbarn in zunehmendem Maße als für den Ich-Erzähler existenzgefährdend gedeutet werden. Alle Elemente der Geschichte sind so genau aufeinanderhin komponiert, daß keines von ihnen im geringsten geändert werden dürfte, ohne daß die

Geschichte zerstört wird. Wir wollen diese Funktion des Raumes ‚Handlungsraum' nennen.

*‚Lenz': 1839 postum erschienen; Weg des Dichters Jakob Michael Reinhold Lenz, 1751–1792, Deutschbalte, durch die Vogesen nach Straßburg (Schlußsatz: „So lebte er hin") 1778. Von immer neuen Schizophrenieschüben in Angst versetzt, dazwischen auch heiterer Stimmung, ist er unterwegs, besucht er u. a. den Pfarrer Oberlin in Steintal. Die Welt bildet für ihn keinen Sinnzusammenhang mehr, stellt sich ihm als Chaos dar, worauf das Bewußtsein mit Schizophrenie reagiert.*

Eine andere Funktion zeigt sich in dem folgenden Auszug aus der Novelle ‚Lenz' von Georg Büchner (1813–1837):

„Aber nur so lange das Licht im Thale lag, war es ihm erträglich: gegen Abend befiel ihn eine sonderbare Angst, er hätte der Sonne nachlaufen mögen; wie die Gegenstände nach und nach schattiger wurden, kam ihm Alles so traumartig, so zuwider vor, es kam ihm die Angst an wie Kindern, die im Dunkeln schlafen; es war ihm als sey er blind; jetzt wuchs sie, der Alp des Wahnsinns setzte sich zu seinen Füßen, der rettungslose Gedanke, als sey Alles nur sein Traum, öffnete sich vor ihm, er klammerte sich an alle Gegenstände, Gestalten zogen rasch an ihm vorbei, er drängte sich an sie, es waren Schatten, das Leben wich aus ihm und seine Glieder waren ganz starr...
(...)
Er kam bald vom Weg ab, und eine sanfte Höhe hinauf, keine Spur von Fußtritten mehr, neben einem Tannenwald hin, die Sonne schnitt Krystalle, der Schnee war leicht und flockig, hie und da Spur von Wild leicht auf dem Schnee, die sich ins Gebirg hinzog. Keine Regung in der Luft als ein leises Wehen, als das Rauschen eines Vogels, der die Flocken leicht vom Schwanze stäubte. Alles so still, und die Bäume weithin mit schwankenden weißen Federn in der tiefblauen Luft. Es wurde ihm heimlich nach und nach, die einförmigen gewaltigen Flächen und Linien, vor denen es ihm manchmal war, als ob sie ihn mit gewaltigen Tönen anredeten, waren verhüllt, ein heimliches Weihnachtsgefühl beschlich ihn..."

*Die beiden Textstellen haben keine Entsprechung in der Quelle Büchners, den Aufzeichnungen Oberlins (Heinz-Dieter Weber [Hg.]: Georg Büchner ‚Lenz' und Oberlins Aufzeichnungen, ‚Editionen', Stuttgart: Klett 1980, S. 12 u. 14).*

Die inneren Zustände der erzählten Figur wechseln mit dem wechselnden Zustand des Naturraums um sie herum. Naturerlebnis und Selbsterlebnis bedingen einander. Die inneren Zustände spiegeln sich in den äußeren, und die sich am dunkeln Abend oder am hellen Schneemorgen verändernde Natur bewirkt eine Gemütsveränderung in der erzählten Figur. Wir können diese erzählerische Funktion des Raumes als ‚Stimmungsraum' bezeichnen.

In dem kurzen Ausschnitt aus der Erzählung von Nicolas Born auf S. 24 spielt sich die Szene in der von dem Paar bewohnten Wohnung ab. Man hat gegessen, sie ist am

Abräumen (1–4), er will sich umziehen (5–8). Sein Tadel an ihrer schlechten Hausarbeit hat ihre Tätigkeit unterbrochen (9–11). Mechanisch fährt sie dann damit fort (12–14). Er nimmt ihr Zurücklehnen von hinten wahr (14–16), schleicht sich gleichsam an ihr vorbei. Die Beziehung zwischen den beiden, oder vielmehr ihre Beziehungslosigkeit wird im Raum ihres Alltags geschildert, dessen Eintönigkeit der Eintönigkeit ihrer Beziehung entspricht. Nur er hat sich geäußert, ihre Antwort ist Schweigen. Hier hat der Raum die Funktion des ‚Lebensraums'.

Der Raum kann auch im Gegensatz zum erzählten Geschehen, zur Befindlichkeit der Erzählfigur stehen.

„In der Geschichte ‚Wanderer, kommst du nach Spa...' (von Heinrich Böll, 1950) kehrt die Hauptgestalt an ihren Ausgangspunkt zurück: Ein Junge wird schwer verwundet in eine zum Lazarett umgewandelte Schule gefahren. Er erkennt auf dem Weg in den zum OP-Raum gewordenen Zeichensaal, daß er in seine eigene Schule, das humanistische Gymnasium ‚Friedrich der Große' zurückgekehrt ist, die er erst vor drei Monaten verlassen hat. Die Skulpturen und Bilder rufen die Erinnerung wach. Trotzdem zweifelt er an der Richtigkeit seines Eindrucks, bis er an der Tafel, die den Operationstisch von den Betten trennt, den Satz liest: ‚Wanderer, kommst du nach Spa...' Er selbst hatte ihn in Schönschrift anschreiben müssen, aber es war ihm nur in dieser leicht ‚verstümmelten' Form gelungen. Jetzt liest er ihn, als er auf dem Tisch liegt, und erkennt, wie verstümmelt er selbst ist. Ihm fehlen beide Arme und das rechte Bein. Die Spritze des Arztes raubt ihm das Bewußtsein." (Dietmar Wenzelburger in: Geschichte der deutschen Literatur, Band 6, Von 1945 bis zur Gegenwart, von Hans Peter Frenke u. a., Stuttgart: Klett 1983, S. 51)

*Epigramm des griechischen Dichters Simonides auf die im Krieg gegen die Perser 480 v. Chr. bei den Thermopylen gefallenen 300 Spartaner unter Leonidas:*
*„Wanderer, kommst du nach Sparta, verkündige dorten,*
*du habest uns hier liegen gesehn,*
*wie das Gesetz es befahl."*

*Heinrich Böll, geb. 1917 in Köln, Nobelpreis für Literatur 1972.*

Das Elend des schwerverwundeten Jungen wird vor den Hintergrund der Vorbilder traditioneller Schulbildung (Friedrich der Große, die gefallenen Spartaner u. a.) gestellt. Der Raum des Gymnasiums mit seinen Bildungsversatzstücken, Cicero- und Caesar-Büsten, Philosophenköpfen und Kunstdrucken, hat keine Beziehung zum Ich-Erzähler mehr:

> „Mir kam das alles so kalt und gleichgültig vor, als hätten sie mich durch das Museum einer Totentadt getragen, durch eine Welt, die mir ebenso gleichgültig wie fremd war."

Die Funktion des Raumes in diesem Erzähltext können wir ‚Kontrastraum' nennen.

Schließlich kann der Raum mit übertragener Bedeutung versehen werden, also den Charakter einer Metapher erhalten, wie es im Eingang der Novelle ‚Romeo und Julia auf dem Dorfe' von Gottfried Keller (1856) der Fall ist:

*Gottfried Keller (1819–1890), lebte in Zürich; die Novelle gehört zum Zyklus ‚Die Leute von Seldwyla', der von einem leichtsinnigen, aber schlauen Völkchen erzählt, fällt aber durch ihre tiefere Bedeutung aus dem Kreis heraus: Das scheinbar Privateste, die Liebe zwischen zwei Menschen, wird in seiner geschichtlichen Gebundenheit anschaulich, die in der Abhängigkeit von einer auf dem Privatbesitz beruhenden Lebensform besteht.*

„An dem schönen Flusse, der eine halbe Stunde entfernt an Seldwyl vorüberzieht, erhebt sich eine weitgedehnte Erdwelle und verliert sich, selber wohlbebaut, in der fruchtbaren Ebene. Fern an ihrem Fuße liegt ein Dorf, welches manche große Bauernhöfe enthält, und über die sanfte Anhöhe lagen vor Jahren drei pächtige lange Äcker weithingestreckt gleich drei riesigen Bändern nebeneinander. An einem sonnigen Septembermorgen pflügten zwei Bauern auf zweien dieser Äcker, und zwar jedem der beiden äußersten; der mittlere schien seit langen Jahren brach und wüst zu liegen, denn er war mit Steinen und hohem Unkraut bedeckt, und eine Welt von geflügelten Tierchen summte ungestört über ihm. Die Bauern aber, welche zu beiden Seiten hinter ihrem Pfluge gingen, waren lange, knochige Männer von ungefähr vierzig Jahren und verkündeten auf den ersten Blick den sichern, gutbesorgten Bauersmann. Sie trugen kurze Kniehosen von starkem Zwillich, an dem jede Falte ihre unveränderliche Lage hatte und wie in Stein gemeißelt aussah. Wenn sie, auf ein Hindernis stoßend, den Pflug fester faßten, so zitterten die groben Hemdärmel von der leichten Erschütterung, indessen die wohlrasierten Gesichter ruhig und aufmerksam, aber ein wenig blinzelnd in den Sonnenschein vor sich hinschauten, die Furche bemaßen oder auch wohl zuweilen sich umsahen, wenn ein fernes Geräusch die Stille des Landes unterbrach. Langsam und mit einer gewissen natürlichen Zierlichkeit setzten sie einen Fuß um den andern vorwärts, und keiner sprach ein Wort, außer wenn er etwa dem Knechte, der die stattlichen Pferde antrieb, eine Anweisung gab. So glichen sie einander vollkommen in einiger Entfernung; denn sie stellten die ursprüngliche Art dieser Gegend dar, und man hätte sie auf den ersten Blick nur daran unterscheiden können, daß der eine den Zipfel seiner weißen Kappe nach vorn trug, der andere aber hinten im Nacken hängen hatte. Aber das wechselte zwischen ihnen ab, indem sie in der entgegengesetzten Richtung pflügten; denn wenn sie oben auf der Höhe zusammentrafen und aneinander vorüberkamen, so schlug dem, welcher gegen den frischen Ostwind ging, die Zipfelkappe nach hinten über, während sie bei dem andern, der den Wind im Rücken hatte, sich nach vorne sträubte. Es gab auch jedesmal einen mittleren Augenblick, wo die schimmernden Mützen aufrecht in der Luft schwankten und wie zwei weiße Flammen gen Himmel züngelten. So pflügten beide ruhevoll, und es war schön anzusehen in der stillen goldenen Septembergegend, wenn sie so auf der Höhe aneinander vorbeizogen, still und langsam, und sich mählich voneinander entfernten, immer weiter auseinander, bis beide wie zwei untergehende Gestirne hinter der Wölbung des Hügels hinabgingen und verschwanden, um eine gute Weile darauf wieder zu erscheinen. Wenn sie einen Stein in ihren Furchen fanden, so warfen sie denselben auf den wüsten Acker in der Mitte mit lässig kräftigem Schwung, was aber nur selten geschah, da derselbe schon fast mit allen Steinen belastet war, welche überhaupt auf den Nachbaräckern zu finden gewesen."

*‚Romeo und Julia': Die Geschichte von der Liebe zweier junger Menschen aus verfeindeten Familien, die zusammen den Tod finden, zuerst 1476 in Siena, dann 1524 in Verona erzählt, schließlich von Shakespeare 1595 dramatisiert (Romeo and Juliet); zahlreiche weitere Bearbeitungen.*

Die Szene gibt einen Eindruck von Ruhe, Schönheit, Ordnung und Wohlhabenheit. Nur der wüste Acker in der Mitte und die Lässigkeit (55), mit der die Bauern ihre Steine dort abladen, wollen nicht dazu passen. Dieser Acker bringt denn auch die ganze Handlung in Gang. Er gehört nämlich einem fahrenden Geiger, der aber seinen Anspruch nicht geltend machen kann, weil er kein Bürgerrecht in der Gemeinde genießt. Die beiden Bauern, Manz und Marti mit Namen, pflügen Jahr für Jahr tiefer in das Stück hinein, bis der Rest schließlich von Manz ersteigert wird. Kurz zuvor hatte Marti noch ein Dreieck für sich abgenommen, das nun der Anlaß für einen Rechtsstreit zwischen ihnen wird, der beide am Ende um Haus und Hof bringt. Ihre Kinder aber, Sali Manz und Vrenchen Marti, lieben sich, und da sie nun keine Hoffnung mehr haben, jemals einen eigenen Hausstand gründen zu können, verlassen sie das Dorf, ziehen, feiertäglich gekleidet wie Brautleute, in die Nachbarschaft zum Tanz und gehen schließlich gemeinsam in den Freitod.

Immer wieder spielt nun der wüste Acker eine Rolle in der Handlung, hält er die Wurzel des Geschehens dem Leser im Gedächtnis. Die Liebenden haben als Kinder darauf gespielt, wenn die Väter beim Pflügen waren; der fahrende Geiger hat ihnen dort vom Unrecht erzählt, das die Väter ihm angetan; der alte Marti hat sie hier beim Stelldichein überrascht und ist von dem Schlag, den Sali

ihm versetzte, um Vrenchen zu schützen, wunderlich geworden; an ihrem letzten Tag schließlich nahm hier ihr Weg in den Tod seinen Ausgang.
Inmitten der wohlbebauten Landschaft findet sich der wüste Acker nicht nur als Ort des Wildwuchses, sondern als Anlaß dafür, daß die Bauern selbst Unordnung in ihre wohlgeordnete Welt bringen, den Eigentümer nicht in ihre Gemeinschaft hineinlassen, sich an seinem Gut vergreifen, im Streit darum sich und ihre Familien ins Elend bringen. So wird der mittlere Acker zum Zeichen für die jeder Ordnung innewohnende Unordnung, für die stete Gefährdung von Wohlfahrt und Recht. Wir wollen diese Funktion des Raumes als ‚Raumsymbol' bezeichnen.

Natürlich können sich diese erzählerischen Funktionen des Raumes überschneiden. So hat das Raumsymbol des wüsten Ackers auch Kontrastfunktion. Und die Bilderwelt der Schule, die der Schwerverwundete bei Böll wiedererkennt, besitzt auch symbolische Bedeutung, weil sie eine unglaubwürdig gewordene Bildungsideologie symbolisiert.

**Mögliche Funktionen des Raumes in Erzähltexten**

| | |
|---|---|
| (1) Handlungsraum: | Raum als Bedingungsrahmen für Ereignisse und Handlungen, als Orientierungsrahmen der handelnden Personen |
| (2) Stimmungsraum: | Raum als Ausdrucksträger mit expressivem Charakter, der die Erlebnisse der Personen bestimmt |
| (3) Lebensraum: | Raum, in dem die Personen ‚zu Hause' sind, der ihre Wirklichkeitssicht bestimmt (Arbeitswelt, häuslicher Alltag, ‚Milieu') |
| (4) Kontrastraum: | Spannung zwischen Raum und erzählten Ereignissen/Handlungen zur Betonung von Widersprüchen und Konflikten; räumliche Gegensätze (z. B. Stadt/Land, Heimat/Fremde) |
| (5) Raumsymbol: | Raum oder Dinge mit symbolischer Bedeutung für den Gegenstand der Erzählung |

# 7. Figur und Handlung in erzählenden Texten

Den eigentlichen Inhalt von Erzählungen bilden Figuren, die Handlungen in Gang setzen, Entscheidungen treffen, Widerfahrnisse erleben, und Handlungen, an denen die Figuren ihre Eigenschaften erweisen und das erzählte Geschehen seinen Fortgang nimmt. Wenn man diesen Fortgang untersuchen will, muß man von der elementaren Struktur der Entwicklung erzählter Handlungsverläufe ausgehen: Da wird eine Situation aufgebaut, in der sich für die auftretenden Figuren Handlungsmöglichkeiten ergeben. Eine dieser Möglichkeiten wird ergriffen, eine Figur handelt und hat Erfolg oder Mißerfolg damit. Natürlich ist auch das Nichtstun immer eine Möglichkeit, die zur Folge hat, daß sich die Dinge woanders weiter entwickeln. Wir müssen also fragen:

- Welche Veränderung wird durch das Handeln bzw. das Ereignis bewirkt? Wie wird der Verlauf der Geschichte dadurch vorangebracht?
- Welche Wahl hatten die handelnden Figuren in der Situation? Welche Möglichkeiten standen ihnen offen?
- In welchen Beziehungen standen die Figuren der Erzählung in der betreffenden Situation? Wie erklärt sich der Fortgang des Geschehens aus diesen Beziehungen?

*Die Abfolge der Handlungen und Geschehnisse in einem epischen Werk heißt in der antiken Poetik griech. ‚Mythos', lat. ‚fabula', und wird heute auch als ‚Fabel' bezeichnet (zu unterscheiden vom Gattungsbegriff ‚Fabel' vgl. S. 86).*

**Elementares Muster von Erzählhandlungen**

| Möglichkeit | Ereignis | Resultat |
|---|---|---|
| Situation, in der sich Möglichkeiten eröffnen | Aktualisierung einer Möglichkeit | Erfolg / Mißerfolg |
| | Nichtaktualisierte Möglichkeiten | |

Die Beziehungen zwischen den Figuren der Erzählung gehören mit zu den Voraussetzungen der Situation, in der sich Handlungsmöglichkeiten eröffnen. So kann eine Aus-

einandersetzung zwischen zwei Personen zu einer Reaktion führen, welche Folgen hat und den Geschehensablauf entscheidend verändert. Oder es kann durch die Art der Beziehung und die Charakterisierung der Personen verständlich gemacht werden, warum der eine handelt und so eine Veränderung herbeiführt, während der andere sie nur hinnimmt.
Für die Frage, welche Funktion die Handlungsfiguren im Aufbau der Geschichte haben, sind drei Aspekte interessant:

(1) Die Konstellation: Wie die Beziehungen der einzelnen Figuren zueinander gestaltet sind, läßt sich einmal
- quantitativ ermitteln, indem man nach der Zahl der Figuren fragt sowie nach dem Anteil, den eine Figur im Verhältnis zu den anderen Figuren am Text hat. Zweitens aber läßt sich
- qualitativ untersuchen, nach welchen Merkmalen die Figuren einander zugeordnet sind.

Solche qualitativen Merkmale können z. B. sein:
- Die Generationszugehörigkeit (Thomas und Hanno Buddenbrook bei Thomas Mann),
- die Geschlechtszugehörigkeit (Effi Briest und von Innstetten bei Theodor Fontane),
- die soziale Herkunft (Wenzel und Nettchen in ‚Kleider machen Leute' von Gottfried Keller) oder etwa
- die Wertorientierung (Walter Faber und Hanna in ‚Homo faber' von Max Frisch).

Für den Fortgang der Geschichte ist die Figurenkonstellation von Bedeutung, insofern Personen z. B. zueinander streben, andere jedoch sie daran zu hindern trachten können (Sali und Vrenchen, der alte Marti in ‚Romeo und Julia auf dem Dorfe' von Gottfried Keller). Gegner oder Helfer sind nicht immer als solche zu erkennen (in ‚Das Amulett' von Conrad Ferdinand Meyer rettet Boccard Schadau dadurch, daß er ihm heimlich das Amulett ins Wams schiebt).

*‚Das Amulett', 1873. Zwei Freunde, der Protestant Schadau und der Katholik Boccard, geraten in die konfessionellen Auseinandersetzungen Frankreichs hinein, die 1572 in der Bartholomäusnacht ihren Höhepunkt finden. Der eine ist Sekretär des Admirals Coligny, der die Hugenotten führt und fällt, der andere gehört zur Schweizergarde des Königs. Schadau gelingt die Flucht, während Boccard, von einer Schadau zugedachten Kugel getroffen, den Tod findet.*

In vielen Erzählungen gibt es eine Hauptfigur, den Helden. Er ist an folgenden Merkmalen zu erkennen:
- Der Erzähler weiß besonders viel von ihm;
- er kommt in der Erzählung oft vor, und zwar an den Wendepunkten der Geschichte;
- er kann allein, ohne die anderen Figuren vorkommen und auch Monologe halten;

- ihm sind die für den Fortgang der Geschichte entscheidenden Handlungen vorbehalten;
- er unterhält Beziehungen zu den meisten anderen Figuren der Geschichte.

(2) Die Konzeption: Die einzelne Figur kann auf verschiedene Weise angelegt werden, z. B.

- statisch oder dynamisch (Figuren, die sich gleichbleiben/Figuren, die sich im Verlauf der Geschichte verändern);
- mit wenigen oder vielen Merkmalen (als bloßer Typus oder ausgestaltete Individualität);
- geschlossen oder offen (Wird die Figur für den Leser vollständig erfaßbar, oder bleibt sie mehrdeutig und rätselhaft?);
- abstrakt oder psychologisch (In welchem Maß ist die Figur so angelegt, daß sie dem Leser psychologisch plausibel erscheint?).

Von der Art des Konzepts, das der Autor für seine Figur gewählt hat, ist die Erzähltechnik zu unterscheiden, mit der er sie dem Leser vorstellt:

(3) Die Charakterisierung: Die Figuren eines Dramas werden auf der Bühne nicht nur durch ihren Text, d. h. durch die sprachlichen Äußerungen, die ihnen der Dichter in den Mund gelegt hat, charakterisiert, sondern auch durch das nicht-sprachliche Verhalten der Schauspieler, die sie verkörpern. Dieses Verhalten geht auf ein Konzept der Schauspieler selbst oder des Regisseurs zurück und beruht auf einer bestimmten Interpretation des Dramentextes. Mit anderen Worten: Die Figuren werden explizit und implizit charakterisiert. In erzählenden Texten kann nun auch die implizite Charakterisierung der Figuren nur sprachlich erfolgen. Wir unterscheiden daher:

- Direkte Charakterisierung: Das ist entweder in Außenperspektive möglich, indem der auktoriale Erzähler die Figur beschreibt, oder in Innenperspektive, indem die Figur selbst sich äußert oder aber andere Figuren über sie sprechen.
- Indirekte Charakterisierung: Sie kann dadurch erfolgen, daß der Erzähler das Verhalten oder Handeln der Figur schildert, ihr Äußeres (Körperbau, Gesicht usw.) und ihre Ausstattung (Fähigkeiten, Sozialstatus, Kleidung usw.) beschreibt.

*„Vielleicht wären, so scheint der Roman zu sagen, noch etliche Generationen von gesunden Buddenbrooks gekommen, hätte Thomas sein erstes ‚Verhältnis' geheiratet, das Mädchen aus dem Blumenladen, die spätere Frau Iwersen... statt ihr, wie es eben in der Natur der Klassendinge liegt, eines Tages Adieu zu sagen..." (Erich Heller: Thomas Mann. Der ironische Deutsche, suhrkamp taschenbuch 243, Frankfurt am Main 1975, S. 21)*

Beispiele:

In den ‚Buddenbrooks' von Thomas Mann hat Thomas Buddenbrook, der letzte Senator in der Familie, die Tochter einer Amsterdamer Kaufmannsfamilie geheiratet, die sich nicht für die Geschäfte interessiert, sondern sich der Musik widmet. Ein junger Offizier, Herr von Throta, kommt oft ins Haus, um mit ihr zu musizieren. Thomas Buddenbrook leidet unter dieser Beziehung. Als die beiden wieder einmal im Musikzimmer zusammen sind, geht er ruhelos im Haus umher und begegnet seinem Sohn, dem kleinen Hanno, der gerade mit seinen Schularbeiten beschäftigt ist, nach denen sich der Vater erkundigt. Doch dieser hört gar nicht zu, als Hanno ihm Auskunft gibt (X,5):

> „Und dann, plötzlich, vernahm Hanno über sich etwas, was in gar keinen Zusammenhang mit dem eigentlichen Gespräche stand, eine leise, angstvoll bewegte und beinahe beschwörende Stimme, die er noch nie gehört, die Stimme seines Vaters dennoch, welche sagte: „Nun ist der Leutnant schon zwei Stunden bei Mama... Hanno..."
> Und siehe da, bei diesem Klang schlug der kleine Johann seine goldbraunen Augen auf und richtete sie so groß, klar und liebevoll wie noch niemals auf seines Vaters Gesicht, dieses Gesicht mit den geröteten Lidern unter den hellen Brauen und den weißen, ein wenig gedunsenen Wangen, die von den lang ausgezogenen Spitzen des Schnurrbarts starr überragt wurden. Gott weiß, wieviel er begriff. Das eine aber war sicher, und sie fühlten es beide, daß in diesen Sekunden, während ihre Blicke ineinander ruhten, jede Fremdheit und Kälte, jeder Zwang und jedes Mißverständnis zwischen ihnen dahinsank, daß Thomas Buddenbrook, wie hier, so überall, wo es sich nicht um Energie, Tüchtigkeit und helläugige Frische, sondern um Furcht und Leiden handelte, des Vertrauens und der Hingabe seines Sohnes gewiß sein konnte..."

Der Vater wehrt sich jedoch gegen diese Art der Beziehung zu seinem Sohn und fährt kurze Zeit später mit seinen Versuchen fort, ihn streng zu seinem Nachfolger in der Firma zu erziehen. Direkte und indirekte Charakterisierung sind hier miteinander verbunden: Die Szene ist aus Hannos Perspektive dargestellt, der aufgrund seines Seufzers (5–7) eine neue Seite bei seinem Vater entdeckt

(8–11), aufmerksam sein Gesicht betrachtet, auf dem sich schon die Krankheit andeutet (11–13). Der Erzähler deutet dann die Szene als ein Zueinanderfinden von Vater und Sohn in einem Augenblick der Schwäche (14–23). In der Konzeption sind die Personen also als Individualitäten angelegt, die sich im Verlauf der Geschichte verändern. Die Personenkonstallation ist für den Handlungsverlauf grundlegend: Sein Klavierspiel verbindet Hanno mit der Mutter, die sich für ihre künstlerischen Ambitionen einen anderen Partner suchen mußte als ihren Mann. Seine Sensibilität aber verbindet Hanno auch mit seinem Vater, der diese Seite seines Wesens jedoch zu verdrängen sucht, um die alte Rolle der Buddenbrooks weiterspielen zu können, energisch und tüchtig zu sein (20/21). Doch die Buddenbrooks müssen den Gewinn an Sensibilität und Bewußtsein mit dem Verlust an Vitalität und Erfolg bezahlen. Ihr Stern sinkt, die Stunde der Hagenströms ist gekommen.

Im Roman ‚Effi Briest‘ von Theodor Fontane hat Innstetten seine junge Frau verlassen müssen, um in seiner Eigenschaft als Landrat Bismarck seine Aufwartung zu machen. Bei seiner Rückkehr gibt es folgendes Gespräch (10. Kap.):

„Als sie aber Innstettens ansichtig wurde, stürzte sie auf ihn zu und umarmte und küßte ihn. Und dabei liefen ihr die Tränen übers Gesicht. „Ach, Geert, Gott sei Dank, daß du da bist. Nun ist alles wieder gut. Du darfst nicht wieder fort, du darfst mich nicht wieder allein lassen."

„Meine liebe Effi ... stellen Sie hin, Friedrich, ich werde schon alles zurechtmachen ... meine liebe Effi, ich lasse dich ja nicht allein aus Rücksichtslosigkeit oder Laune, sondern weil es so sein muß; ich habe keine Wahl, ich bin ein Mann im Dienst, ich kann zum Fürsten oder auch zur Fürstin nicht sagen: Durchlaucht, ich kann nicht kommen, meine Frau ist so allein, oder meine Frau fürchtet sich. Wenn ich das sagte, würden wir in einem ziemlich komischen Lichte dastehen, ich gewiß, und du auch. Aber nimmt erst eine Tasse Kaffee." Effi trank, was sie sichtlich belebte. Dann ergriff sie wieder ihres Mannes Hand und sagte: „Du sollst recht haben; ich sehe ein, das geht nicht. Und dann wollen wir ja auch höher hinauf. Ich sage wir, denn ich bin eigentlich begieriger danach als du ..."

„So sind alle Frauen", lachte Innstetten.

*Die Romanhandlung dreht sich um das Duell, in dem Baron von Innstetten eine längst erledigte Liebesgeschichte seiner Frau dadurch „bereinigt", daß er ihren Freund erschießt, weil er meint, ohne eine entsprechende Reaktion von ‚der Gesellschaft‘ verachtet zu werden. Der Duellgegner stirbt mit den Worten: „Prinzipienreiterei ... Sie konnten es mir ersparen und sich selber auch." Die Ehegatten trennen sich und vereinsamen, der Baron in seiner Karriere, die Frau in der gesellschaftlichen Isolierung.*

„Also abgemacht; du nimmt die Einladungen an nach wie vor, und ich bleibe hier und warte auf meinen ‚hohen Herrn' ..."

Hier erfolgt die Charakterisierung der Personen direkt durch ihre Äußerungen. Beide sind ganz von ihrer gesellschaftlichen Rolle her konzipiert: Der Landrat versteht sich als ‚Mann im Dienst', der ‚keine Wahl hat', sich anders zu verhalten (9/10). Seine Frau lenkt sogleich ein und spielt die ‚gehorsame Gattin' (22–24). Die Konstellation, die sich daraus ergibt, führt notwendig zum Konflikt. Der Mann interessiert sich überhaupt nicht für die Gefühle seiner Frau, kommt nicht auf den Gedanken, nach den Gründen ihres Verhaltens zu fragen, erkennt auch das Motiv ihres Einlenkens (17–20) nicht. Seine Reaktion (21) verrät, daß er sie nach einem stereotypen Frauenbild einschätzt. Sie aber kennt keine andere Möglichkeit als die der Unterordnung (22–24). Wir dürfen vermuten, daß wir einen sozialen Roman vor uns haben.

*Sozialer Roman:*
*In ihm kommen Erlebnisse sozialer Spannungen zum Ausdruck, ohne daß sie erörtert zu werden brauchen. Vielmehr wird in der Art der Handlungsführung und der Personencharakterisierung implizit zu ihnen Stellung genommen.*
*Vgl. S. 105f.*

Standesunterschiede spielen eine wichtige Rolle in der Novelle ‚Kleider machen Leute' aus dem zweiten Teil der ‚Leute von Seldwyla' von Gottfried Keller, aber in schwankhafter Umkehrung, wie die erste Begegnung des späteren Liebespaars zeigt:

„Der Wanderer nahm schnell seine Mütze vom Kopf und machte ehrfurchtsvolle, ja furchtsame Verbeugungen, von Rot übergossen. Denn eine neue Wendung war eingetreten, ein Fräulein beschritt den Schauplatz der Ereignisse. Doch schadete ihm seine Blödigkeit und übergroße Ehrerbietung nichts bei der Dame; im Gegenteil, die Schüchternheit, Demut und Ehrerbietung eines so vornehmen und interessanten jungen Edelmanns erschien ihr wahrhaft rührend, ja hinreißend. Da sieht man, fuhr es ihr durch den Sinn, je nobler, desto bescheidener und unverdorbener; merkt es euch, ihr Herren Wildfänge von Goldach, die ihr vor jungen Mädchen kaum mehr den Hut berührt!

Sie grüßte den Ritter daher auf das holdseligste, indem sie auch lieblich errötete, und sprach sogleich hastig und schnell und vieles mit ihm, wie es die Art behaglicher Kleinstädterinnen ist, die sich dem Fremden zeigen wollen. Strapinski hingegen wandelte sich in kurzer Zeit um; während er bisher nichts getan hatte, um im geringsten in die Rolle einzugehen, die man ihm aufbürdete, begann er nun unwillkürlich etwas gesuchter zu sprechen und mischte allerhand polnische Brocken in die Rede, kurz, das Schneiderblütchen fing in der Nähe des Frauenzimmers an, seine Sprünge zu machen und seinen Reiter davonzutragen."

Die beiden Personen werden ganz von der Art her charakterisiert, wie sie die Situation interpretieren und zu bestehen versuchen. Sie sind so konzipiert, daß sie dem Leser ohne weiteres verständlich werden und ihr Verhalten psychologisch plausibel erscheint. Die Konstellation, die Beziehungen zwischen den beiden sind so angelegt, daß es zu einem guten Ende kommen muß. Jeder der beiden ist der Meinung, daß der andere gesellschaftlich über ihm steht, der Schneider hält die Amtsratstochter für weit über ihm stehend, diese aber legt seine Schüchternheit als eine besonders sympathische Version von Vornehmheit aus (11–13). Beide bemühen sich dann, dem jeweils anderen zu imponieren, sie auf kleinstädtische Weise, er, indem er die ihm ‚aufgebürdete' Rolle zu spielen versucht (14–25). Damit aber ist die Möglichkeit vorgezeichnet, daß sie auch dann zu ihm halten wird, wenn sich herausstellt, daß er nur ein Schneider und kein Edelmann ist.
Im Aufbau der Handlung stellt diese Partie die entscheidende Wendung dar: Der arbeitslose Schneider Strapinski, unterwegs von einer gräflichen Kutsche mitgenommen, wird in Goldach für einen Grafen gehalten und auf Kredit bestens bewirtet. Er fördert das Mißverständnis zwar nicht von sich aus, findet aber nicht den Mut, es aufzuklären. Hier aber bringt ihn das Interesse, das Nettchen an ihm zeigt, dazu, auf die ihm ‚aufgebürdete' (20) Rolle einzugehen. Er tut das aber auf eine Weise, die das Mädchen, als er von einer Abordnung aus seiner Heimat Seldwyla auf dem Verlobungsfest entlarvt wird, dazu veranlaßt, zu ihm zu halten und ihn zu heiraten. Das natürliche Gefühl für den menschlichen Wert des anderen siegt über Standesvorurteile.
Im zweiten Teil des ‚Homo Faber' von Max Frisch (1957) notiert der Ich-Erzähler den Inhalt eines Gesprächs mit seiner Freundin so:

„Diskussion mit Hanna! – über Technik (laut Hanna) als Kniff, die Welt so einzurichten, daß wir sie nicht erleben müssen. Manie des Technikers, die Schöpfung nutzbar zu machen, weil er sie als Partner nicht aushält, nichts

*„Nicht nur die technisch-wissenschaftliche Sphäre prägt Fabers Stil; vielmehr erinnert eine Anzahl von Eigenheiten an die Verwaltungssprache – und damit an Fabers Position als leitender Angestellter. Die Verkürzung und Verknappung der Aussagen, ebenso feste Wendungen lassen eher an Aktennotizen denken als an eine im traditionellen Sinn kunstvolle Romansprache."*
*(Walter Schmitz: Max Frisch ‚Homo faber', Materialien, Kommentar, München: Hanser 1977, S. 26)*

mit ihr anfangen kann; Technik als Kniff, die Welt als Widerstand aus der Welt zu schaffen, beispielsweise durch Tempo zu verdünnen, damit wir sie nicht erleben müssen. (Was Hanna damit meint, weiß ich nicht.) Die Weltlosigkeit des Technikers. (Was Hanna damit meint, weiß ich nicht.) Hanna macht keine Vorwürfe, Hanna findet es nicht unbegreiflich, daß ich mich gegenüber Sabeth so verhalten habe; ich habe (meint Hanna) eine Art von Beziehung erlebt, die ich nicht kannte, und sie mißdeutet, indem ich mir einredete, verliebt zu sein. Es ist kein zufälliger Irrtum gewesen, sondern ein Irrtum, der zu mir gehört (?) wie mein Beruf, wie mein ganzes Leben sonst. Mein Irrtum: daß wir Techniker versuchen, ohne den Tod zu leben. Wörtlich: Du behandelst das Leben nicht als Gestalt, sondern als bloße Addition, daher kein Verhältnis zur Zeit, weil kein Verhältnis zum Tod. Leben sei Gestalt in der Zeit. Hanna gibt zu, daß sie nicht erklären kann, was sie meint. Leben ist nicht Stoff, nicht mit Technik zu bewältigen. Mein Irrtum mit Sabeth: Repetition, ich habe mich so verhalten, als gebe es kein Alter, daher widernatürlich. Wir können nicht das Alter aufheben, indem wir weiter addieren, indem wir unsere eigenen Kinder heiraten."

Max Frisch: Homo Faber, suhrkamp taschenbuch 354, Frankfurt am Main, 8. Auflage 1980, S. 169f.

*Walter Schmitz (Hg.): Materialien zu Max Frischs ‚Homo faber', suhrkamp taschenbuch 2028, Frankfurt am Main 1983*

Die Struktur des Romans beruht auf einer kompliziert erscheinenden Montagetechnik, mit der Frisch die verschiedenen Schauplätze sowie die Gegenwart mit der Vergangenheit verbindet. Die Personenkonstellation ist dagegen ganz einfach und hält die vielen Einzelteile zusammen: Der erfolgreiche Ingenieur Walter Faber liebt seine eigene, ihm bis dahin unbekannte Tochter. Als diese auf einer gemeinsamen Reise in Griechenland verunglückt, begegnet Faber zum ersten Mal wieder der Mutter, die in Athen als Archäologin lebt. In einem Ich-Bericht versucht Faber im Rückblick, möglichst exakt protokollierend, sein Leben darzustellen. Konzeption und Charakterisierung der drei Figuren sind auf viele einzelne Gespräche, Erinnerungen und Notizen verteilt, durch die sich wie ein roter Faden die unterschiedliche Wertorientierung der drei Personen zieht, die weltoffene Einstellung Sabeths, die konservative Haltung Hannas und die technisch-naturwissenschaftliche Wertorientierung Fabers. Alle drei sind nicht als originelle Individualitäten, sondern als zeitgeschichtliche Typen gezeichnet.

# 8. Darstellungsformen in Erzähltexten

Erzählende Texte zeigen in der Regel zwei grundsätzlich verschiedene Sprechsituationen, die eines Erzählers und die der erzählten Figuren:

- Der Erzähler vermittelt die erzählte Wirklichkeit als ganze, wozu auch die Figuren gehören (Erzählerbericht). In seiner Sprechsituation lassen sich drei Schwerpunkte unterscheiden:
  (a) Er informiert (erzählend, beschreibend, benennend) über Ereignisse, Figuren, Räume;
  (b) er berichtet, was Figuren sagen, denken, empfinden (Innensicht);
  (c) er reflektiert über sein Erzählen, d. h. er macht den Erzählvorgang zum Thema des Erzählens.
- Die Sprechsituation der Figuren ist also von der des Erzählers abhängig. Die Figuren können sich aber auf so vielfältige Weise äußern, wie es die realen Menschen im alltäglichen Leben tun (Personenrede).

Im einzelnen werden folgende Darstellungsformen unterschieden:

(1) Erzählerbericht: So werden alle Elemente der Erzählung bezeichnet, die nicht Äußerung einer handelnden Person, sondern Verlautbarung des Erzählers sind. Der Erzählerbericht macht das Erzählen als einen Vermittlungsakt deutlich: Ereignisse und Figuren sprechen nicht für sich selbst, sie werden erzählt.

(1.1) Erzählweisen, in denen zeitliche Abläufe wiedergegeben werden:
- Bericht: Straffe Handlungswiedergabe
- Szenische Darstellung: Breite Erzählweise, um Geschehen möglichst unmittelbar (evtl. zeitdekkend) wiederzugeben (enthält alle Formen von Personenrede)

(1.2) Erzählweisen ohne Zeitbezug:
- Beschreibung: Der augenblickliche oder dauernde Zustand einer Sache oder Person wird aus der Zeitfolge herausgenommen
- Erörterung: Der Handlungsablauf wird durch

Reflexionen unterbrochen, die vom Geschehen fort auf allgemeine Fragen, Probleme und Vorstellungen hinlenken.

(2) Personenrede: Hierunter fallen alle direkt oder indirekt wiedergegebenen Äußerungen oder Gedanken der Handlungsfiguren. Was den Inhalt betrifft, so können sie die gleichen Gegenstände haben, die unter ‚Erzählbericht' aufgeführt wurden.

(2.1) Direkte Rede: Die Figuren der Handlung erhalten das Wort, ihre Äußerungen werden durch Anführungszeichen markiert und unverändert wiedergegeben. Der Erzähler tritt hinter die Szene zurück.

(2.2) Indirekte Rede: Die Äußerungen (oder Gedanken: „er dachte, daß ...") der Figuren werden vom Erzähler referiert (Merkmale: Nebensätze mit ‚daß', Konjunktiv der indirekten Rede). Möglichkeit, zwischen ausführlicher und geraffter Wiedergabe (Redebericht) zu wechseln.

*Vgl. die Definition auf S. 16.*

(2.3) Erlebte Rede: Sie dient der Wiedergabe von Gedanken, Fragen, Empfindungen einer Figur. Die grammatischen Merkmale bringen sie in die Nähe anderer Darstellungsformen:
- 3. Person (wie Erzählerbericht und indirekte Rede)
- Präteritum (wie Erzählerbericht)
- Modus Indikativus (wie direkte Rede)
- Hauptsatzwortstellung (wie direkte Rede).

*Vgl. die Definition auf S. 9.*

(2.4) Innerer Monolog: Stummes Selbstgespräch einer Figur, sei es in direkter, sei es in ‚erlebter' Rede.

(2.5) Bewußtseinsstrom: Möglichst getreue Wiedergabe der Bewußtseinsvorgänge einer Figur, Protokoll ihrer Gedanken, Assoziationen, Erinnerungsfetzen, Wunschbilder, Träume usw., der direkten Rede nahestehend.

*Arthur Schopenhauer (1788–1860), der Philosoph des Pessimismus, der in der Natur und im Menschenleben nur Streit, Not, Kampf und Leid sieht. Hauptwerk ‚Die Welt als Wille und Vorstellung' 1819. Thomas Mann fand bei ihm seine Auffassung bestätigt, daß Geistigkeit und Erkenntnis immer nur auf Kosten der Vitalität wachsen und Sensibilität und Bewußtsein mit Verfall verbunden sind.*

Diese Darstellungsformen treten gemischt auf, z. B. in dem Selbstgespräch, das der Konsul Thomas Buddenbrook nach der Lektüre Schopenhauers führt:

„Und siehe da: plötzlich war es, als wenn die Finsternis vor seinen Augen zerrisse, wie wenn die samtne Wand der Nacht sich klaffend teilte und eine unermeßlich tiefe, eine ewige Fernsicht von Licht enthüllte... Ich werde leben! sagte Thomas Buddenbrook beinahe laut und fühlte, wie seine Brust dabei vor innerlichem Schluchzen erzitterte. Dies ist es, daß ich leben werde! Es wird leben... und daß dieses Es nicht ich bin, das ist nur eine Täuschung, das war nur ein Irrtum, den der Tod berichtigen wird. So ist es! So ist es!... Warum? – und bei dieser Frage schlug die Nacht wieder vor seinen Augen zusammen. Er sah, er wußte und verstand wieder nicht das geringste mehr und ließ sich tiefer in die Kissen zurücksinken, gänzlich geblendet und ermattet von dem bißchen Wahrheit, das er soeben hatte erschauen dürfen.

← *Erzählerbericht*

*Direkte Rede* ←

← *Erzählerbericht*

Und er lag stille und wartete inbrünstig, fühlte sich versucht, zu beten, daß es noch einmal kommen und ihn erhellen möge. Und es kam. Mit gefalteten Händen, ohne eine Regung zu wagen, lag er und durfte schauen... Was war der Tod? Die Antwort darauf erschien ihm nicht in armen und wichtigtuerischen Worten: er fühlte sie, er besaß sie zuinnerst. Der Tod war ein Glück, so tief, daß es nur in begnadeten Augenblicken, wie dieser, ganz zu ermessen war. Er war die Rückkunft von einem unsäglich peinlichen Irrgang, die Korrektur eines schweren Fehlers, die Befreiung von den widrigsten Banden und Schranken – einen beklagenswerten Unglücksfall machte er wieder gut.

*Erlebte Rede*
←
*(3. Person, Präteritum)*

Ende und Auflösung? Dreimal erbarmungswürdig jeder, der diese nichtigen Begriffe als Schrecknisse empfand! Was würde enden und was sich auflösen? Dieser sein Leib... Diese seine Persönlichkeit und Individualität, dieses schwerfällige, störrische, fehlerhafte und hassenswerte Hindernis, etwas Anderes und Besseres zu sein!

*Erlebte Rede*
←

War nicht jeder Mensch ein Mißgriff und Fehltritt? Geriet er nicht in eine peinvolle Haft, sowie er geboren ward? Gefängnis! Gefängnis! Schranken und Bande überall! Durch die Gitterfenster seiner Individualität starrt der Mensch hoffnungslos auf die Ringmauern der äußeren Umstände, bis der Tod kommt und ihn zu Heimkehr und Freiheit ruft...

*Übergang von der erlebten Rede zur direkten Rede*
←
*(1. Person, Präsens)*

Individualität!... Ach, was man ist, kann und hat, scheint arm, grau, unzulänglich und langweilig; was man aber nicht ist, nicht kann und nicht hat, das eben ist es, worauf man mit jenem sehnsüchtigen Neide blickt, der zur Liebe wird, weil er sich fürchtet, zum Haß zu werden.

Ich trage den Keim, den Ansatz, die Möglichkeit zu allen Befähigungen und Betätigungen der Welt in mir... Wo könnte ich sein, wenn ich nicht hier wäre?..."

Thomas Mann: Buddenbrooks X,5

Im Wechsel der Darbietungsform werden die inneren Vorgänge in Thomas Buddenbrook vergegenwärtigt: Das Gewißheitserlebnis wird in direkter Rede wiedergegeben (4/5, 7–10), während das Nachdenken, das der ‚Ermattung' (14) folgt, zunächst in erlebter Rede gehalten ist (21, 23–38). Erst nachdem die Gewißheit aufs neue durchbricht, erfolgt der Übergang in direkte Rede (39–51). Die ganze Passage könnte man mit dem Oberbegriff ‚innerer Monolog' bezeichnen, der sowohl erlebte wie auch direkte Rede umfaßt. Im weiteren Verlauf bekommt das Selbstgespräch des Konsuls Buddenbrook immer mehr den Charakter des ‚Bewußtseinsstroms', Fragen und Ausrufe häufen sich, die Gedanken springen von einem Punkt zum anderen. Doch gibt es einen wichtigen Unterschied: Direkte Rede bewirkt eine personale Erzählperspektive, die ihren Fluchtpunkt im Binnenraum des erzählten Geschehens hat, die Technik des Bewußtseinsstroms ist dagegen Ausdruck erzählerischer Allwissenheit, öffnet einen unbegrenzten Blick ins Innere der Figuren. Deshalb kann sie sich mit Elementen auktorialen Erzählens verbinden wie in folgendem Beispiel:

*Erzählerbericht →*
„Wie Franz Biberkopf nach einer Woche mit einem Strauß in Seidenpapier gemächlich die Treppe hochsteigt, denkt er an seine Dicke, macht sich Vorwürfe, aber nicht ganz ernst, bleibt stehen,
*Bewußtseinsstrom →*
sie ist ein goldtreues Mädel, wat sollen die Zicken, Franz, pah, ist Geschäft, Geschäft ist Geschäft. Da klingelt er, lächelt in Vorahnung, schmunzelt, warmer Kaffee, ein kleines Püppchen. Da geht einer drin, das ist sie.
*→ Erzählerbericht*
Er wirft sich in die Brust, präsentiert vor der Holztür den Strauß, die Kette wird vorgelegt, sein Herz klopft, sitzt mein Schlips, ihre Stimme fragt:
*→ Direkte Rede*
„Wer ist da?" Er kichert: „Der Briefträger."
*→ Bewußtseinsstrom*
Kleine schwarze Türspalte, ihre Augen,
*→ Erzählerbericht*
er bückt sich zärtlich herunter, schmunzelt, wedelt mit dem Bukett. Krach. Die Türe zu, zugeschlagen. Rrrrrr, der Riegel wird vorgeschoben.
*Bewußtseinsstrom →*
Donnerwetter. Die Tür ist zu. Son Biest. Da steht du. Die ist wohl verrückt. Ob die mich erkannt hat. Braune Tür, Türfüllung, ich steh auf der Treppe,

mein Schlips sitzt. Ist gar nicht zu glauben. Muß nochmal klingeln, oder nicht. Er blickt auf seine Hände, ein Bukett, hab ich vorhin an der Ecke gekauft, für eine Mark, mit Seidenpapier..."

Alfred Döblin: Berlin Alexanderplatz, Olten: Walter Verlag. Zitiert nach dtv 295, 17. Auflage 1976, S. 95f.

Das berühmteste Beispiel für die literarische Technik des Bewußtseinsstroms ist das Schlußkapitel des Romans ‚Ulysses' von James Joyce (1922), das aus einem einzigen ‚stream of consciousness' der Hauptfigur besteht, einer über 50 Seiten langen, völlig interpunktionslosen Aneinanderreihung von Gedanken, Erinnerungsfetzen, Assoziationen und Empfindungen, in der die Form der traditionellen Syntax aufgelöst erscheint.

*Alfred Döblin (1878–1957), von 1911 bis zu seiner Emigration 1933 Nervenarzt in Berlin. Der Roman über den Daseinskampf des Transportarbeiters Franz Biberkopf stellt einen Versuch dar, die Vielfältigkeit des Großstadtlebens durch eine Montage der verschiedensten Darstellungsformen (Erzählerkommentar, Bewußtseinsstrom, Sachbericht u. a.), Materialien (Zeitungsinserate, Statistiken, Verordnungen, Bildsymbole u. a.) und Sprachebenen (Jargon, Wissenschaftssprache, Zeitungsdeutsch u. a.) zu erfassen.*

*Literarische und filmische Erzähltechnik haben den Bewußtseinsstrom gleichzeitig entwickelt. Im Film wird er durch die Montage disparater Bilder und Kameraeinstellungen vorgeführt.*

# 9. Die Komposition erzählender Texte

Die Aufgabe des Autors besteht nun darin, die Elemente der Geschichte, die Möglichkeiten der Erzählperspektive und die verschiedenen Darstellungsformen so zu verwenden, daß aus all dem ein Ganzes wird, d. h. er muß sich für eine bestimmte Komposition der Erzählung entscheiden. Welche erzählerischen Mittel stehen ihm dafür zur Verfügung?
In der folgenden Erzählung lassen sich Aufgabe und Lösung gut miteinander vergleichen:

### Die Geschwister von Ravensbrück

*Anna Seghers (1900–1983), 1928 Mitglied der KPD, 1933 Emigration nach Frankreich, 1941 nach Mexiko, 1947 Rückkehr in die DDR, dort Präsidentin des Deutschen Schriftstellerverbandes, Novellen und Romane zu sozialen Problemen, Naziverfolgung und Emigration.*

„Die nachfolgende Geschichte wurde mir von Anna Seghers erzählt, als wir uns nach sieben Jahren des Exils (die sie in Mexiko, ich in den Vereinigten Staaten verbracht hatte) im Hause eines gemeinsamen New Yorker Freundes wiedersahen. „Ich habe dir", sagte Anna gleich nach den ersten Worten der Begrüßung, „den Stoff zu einer Anekdote mitgebracht. Es handelt sich um einen Vorfall von der Art, wie du sie in deinen ‚Unwahrscheinlichen Wahrhaftigkeiten' beschrieben hast." Sie sprach in der ihr eigenen zerstreuten und zugleich überaus eindringlichen Weise, mit dem Glimmer des Traumes in den jung gebliebenen Augen unter dem weiß gewordenen Haar. „Ja, ich kann mir den Bericht über diesen Vorfall nur in deiner Anekdotensammlung vorstellen, und deshalb bekommst du auch den Stoff geschenkt. Sonst hätte ich mir ihn nämlich selbst behalten."
Sie lachte, fuhr dann aber mit verdoppelter Eindringlichkeit fort: „Du mußt mir nur versprechen, daß du dir dazu auch die richtige Moral ausdenken wirst, damit es zum Schluß nicht etwa so aussieht, als werde die ganze Geschichte bloß erzählt, um das Walten einer gnädigen Vorsehung zu zeigen... Aber was denn?" unterbrach sie sich im selben Atemzug, „was wäre das für eine Vorsehung, die, um ihr gütiges Walten an drei Menschen zu erweisen, Hunderttausende in den Gaskammern und auf den Hinrichtungsstätten der faschistischen Vernichtungslager umkommen lassen muß! Nein, mit dem, was man ein Mirakel der Vorsehung nennt, hat der Fall, von dem ich dir erzählen will, nichts zu tun; wohl aber ist er im besten Sinne des Wortes wunderbar. Du weißt doch",

sie neigte sich über den Tisch zu mir und senkte die Stimme, „ich glaube an Wunder. Freilich ist es eine besondere Gattung; ich heiße sie die Wunder der Wirklichkeit, und wenn ich ihnen begegne, fühle ich mich in meine Kindheit zurückversetzt – in die Zeit, da die Märchen noch zum Alltag gehörten."
Verloren in den Rauch ihrer Zigarette blickend, machte sie eine Pause. Dann begann sie unvermittelt mit ihrer Geschichte, die ich hier wiederzugeben versuche, wie sie mir, über die Jahre hin, im Ohr haften geblieben ist..."

In der Rahmengeschichte geht es darum, wie man aus dem „Stoff", den Anna Seghers dem Ich-Erzähler mitgebracht hat, eine „Geschichte" macht. Er müsse sich dazu „die richtige Moral ausdenken" (19), meint die Dichterin. Sie macht dazu einen Vorschlag. Es solle kein Exempel für „das Walten einer gnädigen Vorsehung" (21/22) daraus werden, sondern eine Geschichte, die „das Wunder der Wirklichkeit" (33/34) erzählt, das hier passiert sei. Anstelle eines Konzepts, das auf einen dogmatischen Begriff verweist, schlägt sie eines vor, welches die Botschaft enthält, daß sich sogar in diesem schrecklichen Jahrhundert noch Dinge ereignen, die das Vertrauen in die Wirklichkeit rechtfertigen (30–36). Dieses Konzept wird nun auf folgende Weise realisiert:

„Als nach dem Zusammenbruch des Dritten Reiches bekannt wurde, daß sich unter den sogenannten entwurzelten Personen, welche die Landstraßen Deutschlands und die Sammellager der Alliierten bevölkerten, zahlreiche Kinder von vergasten und lebendig verbrannten Juden befanden, beschlossen die wenigen jüdischen Emigrantenfamilien, die auf der Flucht vor den Nazis ein Asyl in Mexiko gefunden hatten, dreißig dieser Waisen in ihre neue Heimat kommen zu lassen und an Kindes Statt bei sich aufzunehmen.
Es kostete Mühe, Geduld und Geld über alle Maßen, das Unterfangen in die Wege zu leiten, und mehr als einmal waren die Mitglieder des mit seiner Durchführung betrauten Komitees nahe daran, vor den unzähligen Transportschwierigkeiten, bürokratischen Tücken, Paßhindernissen und anderen Hürden mehr zu kapitulieren. Schließlich gelang es jedoch, auch die letzten Widrigkeiten zu überwinden, und an einem Herbsttag des Jahres 1946 sahen die nach dem Hafen von Veracruz gerufenen Pflegeeltern ihre künftigen Adoptivkinder die Fallreep-

treppe eines brasilianischen Frachtdampfers heruntersteigen und auf sich zukommen. Jeder der kleinen Ankömmlinge hatte ein Medaillon aus Pappe mit seinen – zumeist sehr dürftigen – Personaldaten umgehängt. Zwei der Medaillons waren blank. Über ihre Träger, einen ungefähr sechsjährigen Knaben und ein etwas jüngeres Mädchen, hatte das Hilfskomitee trotz eifrigster Nachforschungen nichts anderes in Erfahrung bringen können, als daß sie in der Nähe des Konzentrationslagers Ravensbrück gefunden worden und daß sie vermutlich Geschwister waren.
Als sich bei der nach einem lange vorher festgelegten Plan vorgenommenen Aufteilung der Waisen auf die Adoptiveltern herausstellte, daß die Geschwister von Ravensbrück (so hatte man die beiden, deren Identität nicht feststand, getauft) voneinander getrennt und bei verschiedenen Familien – der Junge in Acapulco, das Mädchen in Puebla – untergebracht werden würden, fing die Kleine, indem sie sich verzweifelt an den Bruder klammerte, herzbrechend zu weinen an und konnte weder durch Zureden noch durch Liebkosungen beruhigt werden. So rührend erschien das Mädchen in seinem Kummer den Eheleuten B., bei denen es Aufnahme finden sollte, daß sie sich, ohne Rücksicht darauf, wie schwer es ihnen fallen würde, entschlossen, auch den Knaben zu sich zu nehmen. Welches Vorhaben allerdings leichter gefaßt als ausgeführt war, denn die Familie aus Acapulco wollte den Jungen zunächst unter keinen Umständen freigeben, und es bedurfte vieler beredter Vorstellungen, vieler Tränen und Versprechen, bis sie sich umstimmen ließ.
Endlich aber war es soweit, und die B.'s konnten mit den beiden Geschwistern nach ihrem Wohnort Puebla abreisen. Dort angelangt, machte Frau B. sich sogleich daran, die Kinder, die noch in dem Zeug steckten, das sie bei ihrer Auffindung im Ravensbrückischen getragen, frisch einzukleiden. Sie hatte die alten Kleider schon zu einem Bündel für den Lumpensammler zusammengeschnürt, als ihr der Gedanke kam, den Geschwistern je ein Kleidungsstück – eine Schürze und einen Rock – als Andenken an ihre dunkle Frühzeit aufzuheben.
Wer beschreibt die Erschütterung der Frau, als sie beim Säubern des Rockes einen mit halbverwischten Bleistiftkritzeln bedeckten Zettel entdeckte, dessen Botschaft lautete:
‚Ich schreibe diese Zeilen eine Stunde vor meinem Abtransport nach dem Vergasungslager in der wahnwitzigen und doch nicht untergehenwollenden Hoffnung,

daß meine zwei Kinder mit dem Leben davonkommen und Unterschlupf und Hilfe bei großherzigen Menschen finden könnten. Wenn diese Hoffnung sich erfüllt, bitte ich die Beschützer meiner Kinder, ein übriges zu tun und von ihrer Rettung meine Schwester, das einzige Mitglied unserer Familie, das sich ins Ausland retten konnte, zu benachrichtigen ...'
Diese Schwester im Auslande war aber niemand anders als Frau B."

Franz Karl Weiskopf: Gesammelte Werke, Band 6. Anekdoten und Erzählungen, Berlin: Aufbau Verlag 1960, S. 114–117, abgedruckt in: Jürgen Hein (Hg.): Deutsche Anekdoten, Reclam UB 9825, Stuttgart 1976, S. 280–283

*Franz Karl Weiskopf (1900–1955), tschechischer Staatsbürger, schrieb deutsch, im Exil in Amerika, nach dem Krieg in der DDR.*

Die Reihe der Hindernisse, die zu überwinden waren, ehe die Kinder zur Schwester ihrer Mutter gelangten, und auch die Schlußformel „Diese Schwester ... war aber niemand anders ..." (76/77) erinnern tatsächlich an die Form des Märchens (diesen Ausdruck hatte Anna Seghers selbst gebraucht). Aber das Kompositionsprinzip, das hier zugrunde liegt, geht über die flächige Erzählweise des Märchens hinaus. Es besteht in einer Stufenfolge zunehmender Spannung. Denn im ersten Abschnitt wird der Wirklichkeitsausschnitt auf dreißig Kinder und ihre Adoptiveltern in Mexiko begrenzt. Der zweite beginnt mit dem Spannungselement der Hindernisse, die sich zwischen diese Kinder und ihre künftigen Eltern schieben (11–16), schränkt dann den Schauplatz auf die Anlegestelle in Veracruz ein (17–22). Auch die Zeitangabe (18/19) dient dieser Konzentration des Geschehens. Am Ende des Abschnitts treten dann die „Geschwister von Ravensbrück" (so heißen sie 34/35) in den Blick: „Zwei der Medaillons waren blank" (25). Ein neues Hindernis, welches die Geschichte aufzuhalten droht, eröffnet den dritten Abschnitt (32–51): Die Geschwister sollen getrennt werden. Doch das Ehepaar aus Puebla kann es durch seinen Entschluß, beide Kinder zu nehmen, überwinden (42–46). Sogleich erhebt sich eine neue Barriere: Die Familie aus Acapulco will den Jungen nicht hergeben. Nachdem auch dieses Problem gelöst ist (51), ergibt sich im vierten Abschnitt (52–61) ein neues: Um ein Haar wäre die Botschaft der Schwester beim Lumpensammler gelandet (57–59). Im fünften Abschnitt schließlich erhält die Mutter der Kinder Zutritt zur Geschichte, die sich eigentlich um sie dreht, als einzige Person in direkter

Rede (66–75). In einem einzigen kurzen Satz (76/77) wird dann die Spannung gelöst: Die Botschaft hat – über die Hoffnung der Schreiberin hinaus (69–71) – den richtigen Empfänger gefunden, die beiden Schwestern, auf deren Beziehung die ganze Geschichte begründet ist, sind – über den Tod hinaus – zusammengeführt.

Ein anderes Mittel, die Erzählung zu einem Ganzen zusammenzuschließen und dieses sinnvoll zu gliedern, sind zeichenhafte Verweisungen. Das kann in der Weise eines wiederkehrenden Leitmotivs geschehen, wie es in der Novelle ‚Der Tod in Venedig' von Thomas Mann (1913) der Fall ist. Dort wird der Leser immer wieder an das Thema der Novelle, den Tod, erinnert. Die Reise des Dichters Gustav Aschenbach nach Venedig ist ja eigentlich eine Reise in den Tod. Und der schöne Jüngling Tadzio, in den er sich dort verliebt, ist der griechische Gott Hermes, der die Seelen in die Unterwelt geleitet:

*T. J. Reed: Thomas Mann. Der Tod in Venedig. Text, Materialien, Kommentar mit den bisher unveröffentlichten Arbeitsnotizen Thomas Manns, München: Hanser 1983.*

„Der Schauende dort saß, wie er einst gesessen, als zuerst, von jener Schwelle zurückgesandt, dieser dämmergraue Blick dem seinen begegnet war. Sein Haupt war an der Lehne des Stuhles langsam der Bewegung des draußen Schreitenden gefolgt; nun hob es sich, gleichsam dem Blicke entgegen, und sank auf die Brust, so daß seine Augen von unten sahen, indes sein Antlitz den schlaffen, innig versunkenen Ausdruck tiefen Schlummers zeigte. Ihm war aber, als ob der bleiche und liebliche Psychagog dort draußen ihm lächle, ihm winke; als ob er, die Hand aus der Hüfte lösend, hinausdeute, voranschwebe ins Verheißungsvoll-Ungeheure. Und wie so oft, machte er sich auf, ihm zu folgen ..."

*‚Psychagog', (griech. = ‚Seelenführer'), Beiname des griechischen Gottes Hermes, des ‚Götterboten', der als Jüngling mit Flügelschuhen, Stab, Hut und Ranzen dargestellt wurde.*

Das Bild Tadzios an dieser Stelle ist einer antiken Hermes-Statue nachgezeichnet. Aber auch die anderen Todesboten, die Aschenbach von Anfang an begegnen, erinnern an die antike Göttergestalt. So trägt der Wanderer, den er schon in München sieht, ebenfalls Haltung und Attribute einer griechischen Hermes-Darstellung, Hut, Reisetasche, Krückstock, Stellung „bei gekreuzten Füßen". Der Gondoliere, der Aschenbach bei seiner Ankunft in Venedig fährt und, als dieser kein Kleingeld hat, die Worte spricht: „Sie werden bezahlen", gleichwohl jedoch vorher verschwindet, gleicht dem Fährmann Charon, der in der griechischen Sage die Seelen der

*‚Charon", im griech. Mythos Fähr-*

Verstorbenen, welche ihm Hermes zuführt, über die Unterweltsströme in den Hades fährt. Zahlreiche weitere Gestalten, die Aschenbach trifft, gehören in diese Reihe. Auch mit stilistischen Mitteln werden diese leitmotivischen Verweisungen ausgeführt, so etwa wenn die Gondel „sargschwarz" oder die Schönheit Tadzios „gottähnlich" genannt wird.

Vom Leitmotiv ist das Dingsymbol als kompositorisches Erzählmittel zu unterscheiden. Es ist durch die sogenannte ‚Falkentheorie' bekannt geworden, die der Dichter Paul Heyse (Nobelpreis für Literatur 1910) aufgestellt hat. In der Novelle V,9 des ‚Decamerone' von Giovanni Boccaccio (1313–1375) wirbt ein Ritter lange vergeblich um das Herz einer Edelfrau. All sein Besitz geht dafür hin bis auf einen Falken. Um diesen zu erbitten, sucht die Dame eines Tages den Ritter auf, der jedoch, da er von diesem Wunsch keine Ahnung hat, den Falken schlachtet und ihn der Dame als das letzte, was er zu bieten hat, auftischt. Diese Tat bewegt sie dermaßen, daß sie den Liebhaber erhört. Heyse forderte nun, daß jede Novelle ein solches Dingsymbol aufweisen müsse, mit dessen Hilfe die verschiedenen Elemente zu einer erzählerischen Einheit zusammengeschlossen seien. Tatsächlich finden sich in vielen Novellen solche Dingsymbole wie z. B. der wüste Acker in Gottfried Kellers ‚Romeo und Julia auf dem Dorfe' (s. o. S. 46ff.). Im ‚Michael Kohlhaas' von Heinrich von Kleist (1808) wird die Geschichte eines Roßhändlers aus dem 16. Jahrhundert erzählt, dem ein Junker seine Pferde wegnimmt und der sein Recht dann auf eigene Faust sucht und darüber zum Räuber und Mörder wird. Am Ende erhält er seine Rappen zurück, muß jedoch sein Unrecht mit dem Tode sühnen. Thema der Novelle ist die Verfallenheit des Menschen an eine Welt, in der sich das Gute ins Böse verkehrt, beides zuweilen nicht mehr unterschieden werden kann, aber auch die Wiederherstellung der Ordnung möglich ist. Am Zustand der Rappen, um die es geht, wird der Handlungsverlauf symbolisch gedeutet. Zuerst sehen wir wohlgenährte, edle Pferde; dann finden wir sie beim Junker Tronka erniedrigt und verwahrlost, bevor sie gänzlich verwildern und herrenlos werden. Schließlich landen sie beim Abdecker. Am Ende der Novelle werden sie wieder ‚ehrlich' gemacht: sie glänzen wieder von Wohlsein und

*mann, der die Toten über den Grenzfluß der Unterwelt (Styx oder Acheron) setzt; als Fährgeld legte man den Toten eine Münze in den Mund.*

*Paul Heyse (1830–1914), schrieb vielgelesene Novellen, erhielt als erster deutscher Autor den Nobelpreis.*

*‚Decamerone' (ital. = zehn Tage); während des Pestjahrs 1348 halten sich junge Leute von Adel auf einem Landgut bei Florenz auf und erzählen sich zehn Tage lang je zehn Geschichten, die größtenteils auf alte, z. T. orientalische Wandergeschichten zurückgehen; auch die älteren Novellensammlungen in lateinischer, italienischer und französischer Sprache enthielten je 100 Novellen.*

*Rainer Siegle (Hg.): Heinrich von Kleist ‚Michael Kohlhaas' mit Materialien, Stuttgart: Klett 1979* sind kräftig. Ihrem Zustand entsprechen jeweils die äußeren Situationen und die innere Lage des Kohlhaas in ihnen.

Ein wichtiges Kompositionsprinzip ist natürlich der Handlungsaufbau. Häufig finden wir die Handlung in einen Rahmen gestellt, wie es bei der Novelle ‚Das Amulett' von Conrad Ferdinand Meyer der Fall ist. Die Erzählung kommt dadurch in Gang, daß der Ich-Erzähler mit dem Vater seines Freundes eine Grundstücksangelegenheit zu regeln hat und bei dieser Gelegenheit „die Bilder der Vergangenheit" in ihm aufsteigen:

*Zu C. F. Meyer S. 15*
*Zum ‚Amulett' S. 50*

„Das Schicksal Wilhelm Boccards war mit dem meinigen aufs engste verflochten, zuerst auf eine freundliche, dann auf eine fast schreckliche Weise. Ich habe ihn in den Tod gezogen. Und doch, so sehr mich dies drückt, kann ich es nicht bereuen und müßte wohl heute im gleichen Falle wieder so handeln, wie ich es mit zwanzig Jahren tat. Immerhin setzte mir die Erinnerung der alten Dinge so zu, daß ich mit mir einig wurde, den ganzen Verlauf dieser wundersamen Geschichte schriftlich niederzulegen und so mein Gemüt zu erleichtern."

*Horst Martin (Hg.): Erläuterungen und Dokumente zu C. F. Meyer ‚Das Amulett', Reclam UB 8140, Stuttgart 1978*

Der Rahmen wird am Ende geschlossen: Mit der aus Frankreich geretteten Geliebten nimmt der Ich-Erzähler sein Gut in der Schweiz in Besitz. Mit dieser Art von Komposition hat sich der Autor „den Gegenstand gerne vom Leibe" halten wollen, wie er es selbst in einem Brief ausgedrückt hat. Denn er lehnte die literarische Beschäftigung mit dem zeitgenössischen Alltag strikt ab. Dadurch, daß er hier den Ich-Erzähler seine Erinnerungen aufschreiben läßt, die dann – wie der Einleitungssatz der Novelle sagt – einer besonderen Redaktion bedürfen, um im 19. Jahrhundert verstanden werden zu können, verschafft er ihnen eine historische Beglaubigung:

„Alte vergilbte Blätter liegen vor mir mit Aufzeichnungen aus dem Anfange des 17. Jahrhunderts. Ich übersetze sie in die Sprache unserer Zeit."

Eine andere Möglichkeit der Handlungsführung ist die Verbindung der Haupthandlung mit einer Kontrasthandlung. In der Erzählung ‚Der Antrag' von Gabriele Wohmann (1957) wirbt z. B. ein Lehrer am sommerlichen

Strand um eine Kollegin, doch kommt keine erotische Beziehung zwischen ihnen zustande. Sie sagt zwar ‚Ja', aber in der Spannung zwischen der berechnenden Denkweise des Mannes und der inneren Abwehr der Frau zeichnet sich schon das Bild der späteren Ehe ab. Gleichzeitig bewegt sich ein Paar am Strand, das ganz einander hingegeben ist und das Gegenbild echter Verliebtheit bietet. Eine solche Nebenhandlung kann mancherlei Funktion haben, z. B. die Spannung steigern. Im ‚Michael Kohlhaas' gibt es z. B. eine Retardierung des Handlungsverlaufs, als der Kurfürst von Sachsen sich plötzlich dafür einsetzt, das Leben des Mannes zu retten:

*Gabriele Wohmann: Ausgewählte Erzählungen aus zwanzig Jahren, zwei Bände hg. von Thomas Scheuffelen, Sammlung Luchterhand 296 u. 297, 4. Aufl. Neuwied 1982; ‚Der Antrag' in Band 1, S. 65–69.*

Dieser hatte sich von einer Zigeunerin weissagen lassen. Sie hatte jedoch ihre Prophezeiung vor ihm verheimlicht und ihm bedeutet, nur von dem Mann mit dem Federhut, den er dort vor dem Kircheneingang stehen sehe, könne er den Zettel, auf den sie die Weissagung geschrieben, einlösen. Das aber war Kohlhaas, dem sie den Zettel mit der Bemerkung zusteckte, er werde ihm dereinst das Leben retten.
Als Kohlhaas zum Schafott geführt wird, erkennt er in der Menge den Kurfürsten, der sich inkognito in Berlin aufhält, tritt auf ihn zu und verschlingt, indem er den Souverän, der ihn so im Stich gelassen hatte, scharf anblickt, den Zettel, nicht ohne ihn zuvor gelesen zu haben. Dann läßt er sich widerstandslos enthaupten.

*Diese Nebenhandlung wird unterschiedlich beurteilt. H. A. und E. Frenzel (Daten deutscher Dichtung Bd. 1, dtv. 3003, 19. Auflage München 1981, S. 326) meinen: „Das an (die) Gestalt (des sächsischen Kurfürsten) anknüpfende Wahrsagemotiv stellt innerhalb des realistischen Chronikstils ein bizarres, fabulöses Motiv dar, das die Wucht der Erzählung im letzten Teil schwächt."*

Die Komposition moderner Romane ist, wie wir beim ‚Homo Faber' erwähnt haben, komplizierter. Sie sind oft nach dem Montageprinzip aufgebaut. Den Sinn einer solchen Kompositionsweise kann man sich an folgendem Beispiel vergegenwärtigen: Wenn man den ‚Stoff', die sogenannte ‚Fabel' des Romans ‚Stiller' von Max Frisch (1954) formuliert, bleibt etwa dies übrig:

*Vgl. S. 55f.*

Stiller wird Bildhauer. Nach Anfangserfolgen meldet er sich 1935 als Freiwilliger zum spanischen Bürgerkrieg. Nach seiner Rückkehr in die Schweiz muß er eine Gefängnisstrafe verbüßen. Danach arbeitet er wieder in seinem Beruf und heiratet die Tänzerin Julika, die später zur Kur nach Davos geht. Stiller hat ein Verhältnis mit Sibylle, der Frau des Staatsanwalts Rolf. Sibylle läßt ein Kind abtreiben, das sie von Stiller erwartet. Dieser trennt sich sowohl von Sibylle als auch von Julika und verschwindet Ende 1945 aus seiner Vaterstadt Zürich. Als blinder Passagier gelangt er nach Amerika. Sechs Jahre treibt sich Stiller in den USA und Mexiko herum, unternimmt einen Selbstmordversuch und kehrt nach seiner Wiederherstellung

*Walter Schmitz (Hg.): Materialien zu Max Frisch ‚Stiller'. Zwei Bände, suhrkamp taschenbuch 419, Frankfurt am Main 1978*

als Mr. White nach Zürich zurück (1952). Rolf hat inzwischen Sibylle aus New York zurückgeholt. Stiller wird in Zürich erkannt und verhaftet. In der Untersuchungshaft versucht er, sein Leben zu rekonstruieren. Schließlich muß er seine Identität als Stiller zugeben. Nach seiner Freilassung lebt er, zunächst wieder mit Julika, nach deren Tod allein als Töpfer in Glion.

Es ist fraglich, ob sich aus diesem Stoff mit der traditionellen realistischen Erzählweise ein großer Roman hätte machen lassen. Frisch geht anders vor: Statt dem Leser seine Hauptfigur am Leitfaden des zeitlichen Ablaufs der Ereignisse vorzustellen, läßt er sie vom Leser selber finden, indem er die Gestalt in einer Unmenge von Erzählungen und Betrachtungen unterschiedlicher Art und verschiedener Erzähler gleichsam versteckt. Diese Komposition läßt sich in einer Graphik veranschaulichen:

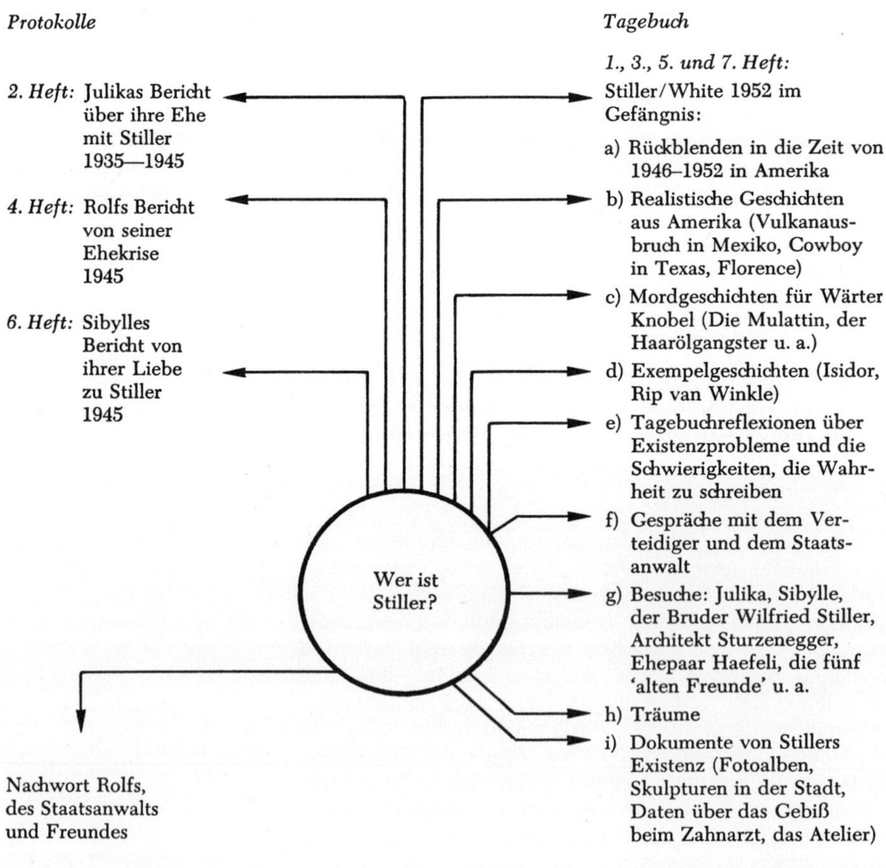

Offenbar ist der Dichter gar nicht von der Fabel ausgegangen, hat er gar nicht als seine Aufgabe betrachtet, Stillers Leben zu erzählen. Vielmehr ist sein Thema die Frage nach seiner Identität oder – weiter gefaßt – die Frage, inwieweit so etwas wie Identität heutzutage überhaupt möglich ist. Der Lösung dieser Aufgabe dient der Aufbau des Romans.

**Möglichkeiten der Komposition von Erzählungen**

(1) Erzähltechniken des Spannungsaufbaus
(Spannungssteigerung, Retardierung, Spannungslösung)
(2) Erzähltechniken der Symbolverwendung
(– Leitmotiv; – Dingsymbol)
(3) Erzähltechniken der Handlungsführung
(– Rahmenhandlung; – Kontrasthandlung; – Haupt- und Nebenhandlung)
(4) Erzähltechniken der Montage
(Auflösung der chronologischen Ordnung in Einzelteile, die durch ein bestimmtes Thema zusammengehalten werden)

# 10. Sprache und Stil in erzählenden Texten

*Sprache und Stil:*
*„Die Grammatik stellt den sprechenden und schreibenden Menschen in eine Ordnung, in der Notwendigkeit und Wahl, Zwang und Freiheit nebeneinander walten. Die freie Wahl aber ist Voraussetzung des Sprachstils. Persönlichen Stil gibt es nur auf Grund von Entscheidungen, die der Angehörige einer Sprachgemeinschaft zwischen verschiedenen Möglichkeiten trifft, zwischen verschiedenen Wörtern, Wortarten, Satzgliedern und Satzformen, die seine Sprache ihm bietet und die von der Wissenschaft dem Wörterbuch und der Grammatik in Verwahrung gegeben sind." (Wilhelm Schneider: Stilistische deutsche Grammatik, Freiburg i. B.: Herder 1959, Vorwort)*

Der kunstvoll geplante Bau der Erzählung mit Handlungsgeflecht, Personenkonstellation, Charakteren, Zeitstruktur und Schauplätzen muß am Ende zur Sprache gebracht, er muß erzählt werden. Die sprachlich-stilistische Realisierung der Erzählung ist von all jenen Entscheidungen abhängig.

Zunächst muß sie dem Gegenstand, d. h. Thema und Inhalt der Erzählung entsprechen. Wir nehmen ein Beispiel aus dem ‚Stiller':

„Herr Dr. Bohnenblust, mein amtlicher Verteidiger, hat natürlich recht: – wenn ich ihm hundertmal erzähle, wie der Brand eines kalifornischen Redwood-Sägewerks sich ausnimmt, wie die amerikanische Negerin sich schminkt oder welches etwa die Farbigkeit von Neuyork ist bei abendlichem Schneegestöber mit Gewitter (das gibt es) oder wie man es im Hafen von Brooklyn anstellen muß, um ohne Papiere an Land zu kommen, es beweist nicht, daß ich dort gewesen bin. Wir leben in einem Zeitalter der Reproduktion. Das allermeiste in unserem persönlichen Weltbild haben wir nie mit eigenen Augen erfahren, genauer: wohl mit eigenen Augen, doch nicht an Ort und Stelle; wir sind Fernseher, Fernhörer, Fernwisser. Man braucht dieses Städtchen nie verlassen zu haben, um die Hitlerstimme noch heute im Ohr zu haben, um den Schah von Persien aus drei Meter Entfernung zu kennen und zu wissen, wie der Monsun über den Himalaja heult oder wie es tausend Meter unter dem Meeresspiegel aussieht. Kann heutzutage jeder wissen. Bin ich deswegen je unter dem Meeresspiegel gewesen; bin ich auch nur beinahe (wie die Schweizer) auf dem Mount Everest gewesen? Und mit dem menschlichen Innenleben ist es genau so. Kann heutzutage jeder wissen. Daß ich meine Mordinstinkte nicht durch C. G. Jung kenne, die Eifersucht nicht durch Marcel Proust, Spanien nicht durch Hemingway, Paris nicht durch Ernst Jünger, die Schweiz nicht durch Mark Twain, Mexiko nicht durch Graham Greene, meine Todesangst nicht durch Bernanos und mein Nie-Ankommen nicht durch Kafka und allerlei Sonstiges nicht durch Thomas Mann, zum Teufel, wie soll ich es meinem

Verteidiger beweisen? Es ist ja wahr, man braucht diese Herrschaften nie gelesen zu haben, man hat sie in sich schon durch seine Bekannten, die ihrerseits auch bereits in lauter Plagiaten erleben. Was für ein Zeitalter! Es heißt überhaupt nichts mehr, Schwertfische gesehen zu haben, eine Mulattin geliebt zu haben, all dies kann auch in einer Kulturfilm-Matiné geschehen sein, und Gedanken zu haben, ach Gott, es ist in diesem Zeitalter schon eine Rarität, einen Kopf zu treffen, der auf ein bestimmtes Plagiatprofil gebracht werden kann, es zeugt von Persönlichkeit, wenn einer die Welt etwa mit Heidegger sieht und nur mit Heidegger, wir andern schwimmen in einem Cocktail, der ungefähr alles enthält, in nobelster Art von Eliot gemixt, und überall wissen wir ein und wieder aus, und nicht einmal unsere Erzählungen von der sichtbaren Welt, wie gesagt, heißen etwas; es gibt für uns heutzutage (ausgenommen Rußland) keine terra incognita mehr. Wozu also die Erzählerei! Es heißt nicht, daß einer dabeigewesen ist. Mein Verteidiger hat recht. Und doch! –"

*Zum Gegenstand des Romans ‚Stiller' s. o. S. 69f.*

Max Frisch: Stiller. Roman, suhrkamp taschenbuch 105, 4. Aufl. 1975, S. 185–187

*Eine Anleitung zur Analyse der Sprachform findet man bei Eberhard Hermes: Training Arbeit an Texten, 1983.*

Die Untersuchung der sprachlich-stilistischen Form des Textes betrifft die Frage, wie der inhaltliche Zusammenhang in einer <u>Kette von Sätzen</u> gestaltet wird, wie diese durch <u>Gliederungszeichen</u> verbunden sind, welche <u>Wortwahl</u> der Autor getroffen hat und welche Eigenschaften sein <u>Satzbau</u> aufweist.

Die Sprachform des Textausschnitts erschließt sich bereits beim Versuch, ihn zu gliedern. Der Erzähler beginnt, indem er von seiner Beweisnot gegenüber dem Verteidiger spricht (1–9). In diesem Passus ist der erste Beispielkatalog enthalten. Dann kommt ein verallgemeinernder Teil (9–14), markiert durch den Wechsel von „ich" zu „wir". Es folgt ein weiterer Beispielkatalog (14–19), wieder durch Pronomenwechsel („man") eingeleitet. Danach Rückkehr zum „ich" (20–32), mit einem neuen Beispielkatalog. Die Ankündigung, daß nun vom „Innenleben" (23) die Rede sei, gilt nicht lange: Bereits das dritte Literaturbeispiel („Spanien... Hemingway" 26f.) verläßt dieses Thema. Dann wieder Übergang zum „man" (32), mit weiteren Beispielen. Der Begriff des „Plagiats" (35) kommt hinzu, der Ausruf „Was für ein Zeitalter!" (35) wird eingefügt. Abermals Pronomenwechsel („Es“ 35), mit neuen Beispielen. Der Begriff des Plagiats wird wiederaufgenommen und nun thematisiert (38ff.), Beispiel „Heidegger“ (42). Dann kommt das Bild vom „Cocktail“ (44) mit dem Beispiel „Eliot“ (45), bis schließlich den literarischen Beispielen „unsere Erzählungen“ (46) angehängt werden, womit wir bei Stillers Zweifeln an der Authentizität seiner eigenen „Erzählerei“ (49) angekommen sind. Zum Abschluß wird mit dem Wort „Verteidiger“ (50) wieder zum Anfang (1) zurückgelenkt. Die Geschlossenheit des Textausschnitts wird deutlich, aber eine Gliederung? Die Sprachform spiegelt den ‚Cocktail‘ unserer Bewußtseinsinhalte, deren Kontinuität doch eigentlich unsere Identität „beweisen“ (9, 32) sollte. Bei der sprachlich-stilistischen Ausarbeitung muß der Autor berücksichtigen, für welches Lesepublikum er schreibt. Denn wir dürfen voraussetzen, daß er von diesem verstanden werden will.

*Vgl. die Ausführungen über den Leser auf S. 30–33.*

Ein Beispiel:
Am 20. 1. 1808 bringt die Nürnberger Zeitung ‚Korrespondent von und für Deutschland‘ folgende Meldung:

*Vgl. den ‚Bewußtseinsstrom‘ als literarische Technik S. 58ff.*

„Vor geraumer Zeit kam jemand unaufgefordert zu einem französischen Kommandanten in den preußischen Staaten, und wollte ihm verraten, wo man eine Quantität Bauholz verborgen habe. Der brave Kommandant wies ihn ab, und sagte: „Lassen Sie Ihrem guten Könige dieses Holz, damit er einst Galgen bauen könne, um solche niederträchtige Verräter, wie Sie sind, daran aufzuhängen.“

*Kleist war 1810–11 Herausgeber der ‚Berliner Abendblätter‘, einer politischen Tageszeitung mit patriotischer Tendenz.*

Daraus hat der Dichter Heinrich von Kleist für die Ausgabe vom 3. 10. 1810 der ‚Berliner Abendblätter‘ diese Anekdote gemacht:

**Franzosen-Billigkeit**
(wert in Erz gegraben zu werden)

„Zu dem französischen General Hulin kam, während des Kriegs, ein . . . Bürger, und gab, behufs einer kriegsrechtlichen Beschlagnehmung, zu des Feindes Besten, eine Anzahl, im Pontonhof liegender, Stämme an. Der General, der sich eben anzog, sagte: Nein, mein Freund; diese Stämme können wir nicht nehmen. – „Warum nicht?“ fragte der Bürger. „Es ist königliches Eigentum.“ – Eben darum, sprach der General, indem er ihn flüchtig ansah. Der König von Preußen braucht dergleichen Stämme, um solche Schurken daran hängen zu lassen, wie er. –"

Heinrich von Kleist, dtv-Gesamtausgabe, hg. v. H. Sembdner, Band 5. Anekdoten, Kleine Schriften, München: Deutscher Taschenbuch Verlag 1964

Johann Peter Hebel hat den gleichen Stoff für den Jahrgang 1809 des ‚Rheinischen Hausfreunds' als Kalendergeschichte bearbeitet:

*Der Kalender ‚Der rheinische Hausfreund' war für ein breites, meist ländliches Publikum bestimmt, das neben Bibel und Gesangbuch nur den Kalender als Lesemedium kannte.*

**Schlechter Lohn**

„Als im letzten preußischen Krieg der Franzos nach Berlin kam, in die Residenzstadt des Königs von Preußen, da wurde unter anderm viel königliches Eigentum weggenommen, und fortgeführt oder verkauft. Denn der Krieg bringt nichts, er holt. Was noch so gut verborgen war, wurde entdeckt und manches davon zur Beute gemacht, doch nicht alles. Ein großer Vorrat an königlichem Bauholz blieb lange unverraten und unversehrt. Doch kam zuletzt noch ein Spitzbube von des Königs eigenen Untertanen, dachte, da ist ein gutes Trinkgeld zu verdienen, und zeigte dem französischen Kommandanten mit schmunzlicher Miene und spitzbübischen Augen an, was für ein schönes Quantum von eichenen und tannenen Baustämmen noch da und da beisammenliege, woraus manch tausend Gulden zu lösen wäre. Aber der brave Kommandant gab schlechten Dank für die Verräterei, und sagte: „Laßt Ihr die schönen Baustämme nur liegen, wo sie sind. Man muß dem Feind nicht sein Notwendigstes nehmen. Denn wenn Euer König wieder ins Land kommt, so braucht er Holz zu neuen Galgen für so ehrliche Untertanen, wie Ihr einer seid."
Das muß der rheinländische Hausfreund loben, und wollte gern aus seinem eigenen Wald ein paar Stämmlein auch hergeben, wenn's fehlen sollte."

Winfried Theiss (Hg.): Johann Peter Hebel, Schatzkästlein des rheinischen Hausfreundes, Kritische Gesamtausgabe, Reclam UB 142, Stuttgart 1981, S. 155f. u. Erläuterungen S. 350f.

Kleist fügt der Meldung den Namen des Kommandanten (1) und einer Berliner Örtlichkeit (4) zu, bringt die Begebenheit also in den Interessenhorizont seiner Leser. Die Zeitung nennt das Verhalten des Bürgers ‚Verrat' (3), bei Kleist macht dieser dem General Meldung (2–4), d. h.

Kleist deutet sein Verhalten als Obrigkeitsgehorsam gegenüber dem fremden Herrn (der Mann beruft sich sogar auf das Kriegsrecht 2/3). Während die Nürnberger Zeitung nur die Antwort des Franzosen erwähnt (5–8), verfaßt Kleist einen pointierten dramatischen Dialog:

> „Es ist königliches Eigentum" (7f.) – „Der König von Preußen braucht dergleichen Stämme" (9)

Hulin erteilt also dem Angeber eine politische Lektion. Die Anekdote ist ein Beitrag zur ‚Bewältigung der Vergangenheit'. Bei aller Knappheit der Darstellung fügt Kleist einen kleinen Zug dazu: „. . . der sich eben anzog" (5); d. h., der General empfängt den Angeber wie einen Lieferanten. Darin drückt der Dichter seine Verachtung für dieses Verhalten seines Landsmanns aus.

*Sentenz (lat. = ‚Meinung'): kurzer, treffender Sinnspruch, der zum Sprichwort werden kann.*

Hebel erzählt die Geschichte viel umständlicher (Kleist 79, Hebel 191 Wörter). Die lange, mit einer Sentenz schließende Einleitung (1–5) zeigt die Distanz, aus der erzählt wird. Während der Angeber bei Kleist schon im ersten Satz auftritt, erscheint er, gutmütig als „Spitzbube" betitelt (9, noch einmal „spitzbübisch" 12), erst im fünften. Der langen, indirekt wiedergegebenen Rede des ‚Spitzbuben' (13–15) entspricht die lange Antwort des Franzosen in direkter Rede (17–22). Den Abschluß macht ein Erzählerkommentar des Kalendermachers (23–25) in dem gleichen humorvollen Ton, in dem die ganze Geschichte gehalten ist. Von einem politischen Gehalt keine Spur.

Die unterschiedliche Erzählweise findet ihre Erklärung, wenn man sich überlegt, daß Kleist für gebildete Zeitungsleser in der Hauptstadt schreibt, Hebel aber für ein ländliches Publikum außerhalb Preußens.

Auch die gewählte Erzählhaltung hat ihre Konsequenzen auf die sprachlich-stilistische Gestaltung des Textes. Ein auktorialer Erzähler beginnt etwa so:

*Auktorialer (‚allwissender') Erzähler: Er steht über dem erzählten Geschehen und kann in seine Figuren hineinschauen, d. h. auch ihre Gedanken und Empfindungen erzählen. Vgl. S. 29.*

„Die Geschichte der schönhüftigen Sita, Tochter des aus Kriegerblut stammenden Kuhzüchters Sumantra, und ihrer beiden Gatten (wenn man so sagen darf) stellt, blutig und sinnverwirrend wie sie ist, die höchsten Anforderungen an die Seelenstärke des Lauschenden und an sein Vermögen, den grausamen Gaukeleien der Maya des Geistes Spitze zu bieten. Es wäre zu wünschen, daß die Zuhörer sich an der Festigkeit des Überliefernden ein Beispiel nähmen, denn fast mehr Mut noch gehört dazu, eine solche Geschichte zu erzählen, als sie zu vernehmen. Von Anfang bis zu Ende trug sie sich aber zu, wie folgt."

Thomas Mann: Die vertauschten Köpfe. Eine indische Legende, in: Th. M., Sämtliche Erzählungen, Frankfurt am Main: S. Fischer Verlag 1963, S. 566

Der erste Satz – sein Subjekt heißt „Geschichte" – spricht von den Anforderungen, welche das Zuhören an die „Seelenstärke des Lauschenden" stellt, während der zweite behauptet, das Erzählen sei noch schlimmer. Die Adjektive „blutig und sinnverwirrend" charakterisieren die Geschichte. Die Substantive sprechen – ironisch – von psychischen Voraussetzungen für den Umgang mit der Geschichte („Seelenstärke", „Vermögen", „Festigkeit", „Mut"). Kurz: Thema ist die Erzählsituation.
Nichts davon im ersten Abschnitt der Novelle ‚Die Verwandlung' von Franz Kafka (1915):

*Am 12. 6. 1940 hat Thomas Mann tatsächlich die Geschichte im Freundeskreis vorgelesen. „Ich kann Ihnen", schreibt er an eine Bekannte, „erzählen, daß wir alle Tränen dabei gelacht haben – der Vorleser und Verfasser nicht ausgenommen." (H. Bürgin, H.-O. Mayer: Thomas Mann. Eine Chronik seines Lebens, Fischer Taschenbuch 1470, Frankfurt am Main 1974, S. 167)*

„Als Gregor Samsa eines Morgens aus unruhigen Träumen erwachte, fand er sich in seinem Bett zu einem ungeheueren Ungeziefer verwandelt. Er lag auf seinem panzerartig harten Rücken und sah, wenn er den Kopf ein wenig hob, seinen gewölbten, braunen, von bogenförmigen Versteifungen geteilten Bauch, auf dessen Höhe sich die Bettdecke, zum gänzlichen Niedergleiten bereit, kaum noch erhalten konnte. Seine vielen, im Vergleich zu seinem sonstigen Umfang kläglich dünnen Beine flimmerten ihm hilflos vor den Augen."

Paul Raabe (Hg.): Franz Kafka, Sämtliche Erzählungen, Fischer Taschenbuch 1078, Frankfurt am Main 1970, S. 56

Ohne jede Teilnahme des Erzählers wird der Zustand des ‚Helden', Gregor Samsas, beschrieben, von dem die Handlung ihren Ausgang nehmen wird. Nur sparsam sind die deskriptiven Adjektive („panzerartig hart", „gewölbt", „braun", „bogenförmig") durch stimmungshaltige angereichert („unruhig", „ungeheuer", „kläglich dünn", „hilflos"). Sie geben kein Gegengewicht, sondern unterstützen die Wirkung der exakten Beschreibung. Immerhin: Der Leser weiß, woran er ist, während er bei Thomas Mann lediglich auf eine „blutige und sinnverwirrende" Geschichte vorbereitet wurde.

*Personaler Erzähler: Er steht im Binnenraum des erzählten Geschehens und weiß deshalb darüber nicht mehr als die beteiligten Figuren.* *Vgl. S. 29.*

Auch das Kompositionsprinzip hat Auswirkungen auf die sprachlich-stilistische Gestaltung. Wer die Möglichkeit der Montage wählt, wird auch verschiedene Sprachebenen und Sprechweisen miteinander kombinieren. Ein Beispiel aus ‚Berlin Alexanderplatz' von Alfred Döblin:

„Durch seinen Kopf rollten Verse, im Kreis, nicht zu verstehen: Kochste Suppe, Fräulein Stein, krieg ich n Löffel, Fräulein Stein. Kochste Nudeln, Fräulein Stein, gib mir Nudeln, Fräulein Stein. Fall ich runter, fall ich rauf. Laut stöhnte er: ‚Du magst mich wohl nicht?' ‚Warum denn nich, komm her, immer fürn Sechser Liebe.' Er fiel ab ins Bett, grunzte, stöhnte. Sie rieb sich den Hals: ‚Ich lach mir schief. Bleib man ruhig liegen. Mir störste nich.' Sie lachte, hob ihre fetten Arme, steckte die Füße mit Strümpfen aus dem Bett: ‚Ick kann nischt dafür.'
Raus auf die Straße! Luft! Regnet noch immer. Was ist nur los? Ich muß mir ne andre nehmen. Erst mal ausschlafen. Franz, wat ist denn mit dir los?
Die sexuelle Potenz kommt zustande durch das Zusammenwirken 1. des innersekretorischen Systems, 2. des Nervensystems und 3. des Geschlechtsapparates. Die an der Potenz beteiligten Drüsen sind: Hirnanhang, Schilddrüse, Nebenniere, Vorsteherdrüse, Samenblase und Nebenhoden. In diesem System überwiegt die Keimdrüse. Durch den von ihr bereiteten Stoff wird der gesamte Sexualapparat von der Hirnrinde bis zum Genitale geladen. Der erotische Eindruck bringt die erotische Spannung der Hirnrinde zur Auslösung, der Strom wandert als erotische Erregung von der Hirnrinde zum Schaltzentrum im Zwischenhirn. Dann rollt die Erregung zum Rückenmark hinab. Nicht ungehemmt, denn ehe sie das Gehirn verläßt, muß sie die Bremsfedern der Hemmungen passieren, jene vorwiegend seelischen Hemmungen, die als Moralbedenken, Mangel an Selbstvertrauen, Angst vor Blamage, Ansteckungs- und Schwängerungsfurcht und dergleichen mehr eine große Rolle spielen."

Alfred Döblin: Berlin Alexanderplatz. Erstes Buch. Zitiert nach dtv 295, S. 26f.

*Die hier erwähnten Darstellungsformen sind im 8. Kapitel S. 57ff. erläutert.*

Erzählerbericht (1f., 5, 6–10), Dialog im Berliner Jargon (5–10), innerer Monolog (2–4, 11–13) wechseln ab, gefolgt von einem medizinischen Sachtext (14–32), in dem die Impotenz des Franz Biberkopf erklärt werden soll („Hemmungen" 26–28). Der Teil 1–13 weist nur ganz kurze Sätze oder Satzfragmente auf. Die Grenzen zwischen den einzelnen Sprachebenen sind verwischt („Was ist nur los? 11/2, neben „wat is denn mit dir los?" 13).

Auch der Sachtext zeigt kurze Sätze, z. T. Aufzählungen (15/6, 17/8, 29ff.). Hier spielt der Erzähler die Rolle des Arztes, also des Autors. Seine Montagetechnik entspricht der unkontinuierlichen, teilweise chaotischen Weise, in der sein Held die Wirklichkeit erfährt.

*Zu ‚Berlin Alexanderplatz' vgl. auf S. 60.*

Sprache und Stil sind also in engstem Zusammenhang mit dem Inhalt und den verschiedenen Strukturelementen der Erzählung zu sehen.

**Sprache und Stil in Erzähltexten**

(1) Untersuchung der sprachlich-stilistischen Form
- Abfolge der inhaltlichen Aussagen
- Verknüpfung der Sätze und Satzfragmente (Gliederungszeichen)
- Besonderheiten der Wortwahl
- Eigenschaften des Satzbaus

(2) Bezugnahme auf die Strukturelemente der Erzählung
- Gegenstand, Inhalt, Thema der Erzählung
- Adressat, Verhältnis von Autor und Leser
- Erzählperspektive, Erzählhaltung
- Komposition, Aufbau der Erzählung

## Anhang: Häufig gebrauchte Stilmittel

Der Reiz eines literarischen Textes besteht darin, daß der Leser nicht vorhersehen kann, wie der Autor sich ausdrücken wird. Denn dieser schreibt seinen ‚persönlichen Stil', d. h. er gebraucht die Mittel der Sprache so, daß Abweichungen vom üblichen Sprachgebrauch entstehen. Solche Abweichungen heißen einer alten Tradition zufolge ‚Figuren'. Unter ihnen lassen sich unterscheiden:

(1) **Wortfiguren:** Abweichungen von der üblichen Wortwahl

| Bezeichnung | Erklärung | Beispiel |
|---|---|---|
| Periphrase | Umschreibung eines Begriffes (Gegenstands, einer Eigenschaft, einer Handlung) durch mehrere Wörter | Auge des Gesetzes |
| Euphemismus | Umschreibung eines negativen Sachverhalts durch einen beschönigenden Ausdruck. | Hinscheiden |
| Emphase | Nachdrückliche Betonung. | z. B. als Ausruf und in Umstellungen |
| Hyperbel | Übertreibung eines Ausdrucks im vergrößernden oder verkleinernden Sinn. | blitzschnell |
| Ironie | Verstellung, die durchblicken läßt, daß sie um den wahren Sachverhalt weiß. | Das ist ja eine schöne Bescherung! |
| Litotes | Verstärkte Hervorhebung durch Verneinung des Gegenteils. | nicht unschön |
| Metonymie | Namensvertauschung, Umbenennung: Ersetzung des eigentlichen Worts durch ein anderes, das zu ihm in Beziehung steht, z. B. konkret für abstrakt. | Lorbeer |
| Metapher | Ein Wort oder eine Wortgruppe werden aus dem gewohnten Bedeutungszusammenhang auf einen anderen übertragen. Metaphorische Redeweise ist nicht an ein Wort gebunden, sondern kann sich auf einen Satz, sogar auf Redezusammenhänge erweitern. | Drahtesel |

(2) **Satzfiguren:** Abweichungen vom üblichen Satzbau

| Bezeichnung | Erklärung | Beispiel |
|---|---|---|
| Ellipse | Auslassung eines (oder mehrerer) für die vollständige syntaktische Konstruktion notwendigen Worts, das aber aus dem Sinnganzen leicht erkennbar ist. | Was (machen wir) nun? |
| Zeugma | Verbindung mehrerer gleichgeordneter Wörter mit einem anderen, ihnen syntaktisch übergeordneten Wort, das seiner genauen Bedeutung nach nur zu je einem der Wörter paßt. | „Er hob den Blick und ein Bein gen Himmel." (Sterne) |
| Synonymie | Gleichnamigkeit; sinnverwandte Wörter, deren Bedeutung sich weitgehend deckt. | Haus und Hof |
| Anapher | Wiederholung desselben Wortes oder derselben Wortgruppe am Anfang mehrerer aufeinanderfolgender Verse oder Sätze. | „O Mutter! Was ist Seligkeit?<br>O Mutter! Was ist Hölle?" (Bürger, Lenore) |
| Klimax | Anordnung einer Wort- oder Satzreihe nach stufenweiser Steigerung im Aussageinhalt. | „Heute back' ich, morgen brau' ich, übermorgen hol ich der Königin ihr Kind" (Rumpelstilzchen) |
| Parallelismus | Wiederholung derselben Satzteilreihenfolge in zwei oder mehreren aufeinanderfolgenden Sätzen. | Heiß ist die Liebe, kalt ist der Schnee. |
| Chiasmus | Symmetrische Überkreuzstellung von syntaktisch oder bedeutungsmäßig einander entsprechenden Satzgliedern. | „Die Kunst ist lang, und kurz ist unser Leben." (Goethe, Faust) |
| Hyperbaton | Künstliche Trennung einer zusammengehörigen Wortgruppe. | Vater habe ich und Mutter verloren. |

(3) **Gedankenfiguren:** Abweichungen von der üblichen Art, Gedanken zu gliedern und zu formulieren

| Bezeichnung | Erklärung | Beispiel |
|---|---|---|
| Anrede | Anrede dritter Personen, Einbeziehen der Zuhörer („wir“), Beschwörung. | „Jetzt gib mir einen Menschen, gute Vorsicht!“ (Schiller, Don Carlos III 5) |
| Rhetorische Frage | Frage, auf die keine Antwort erwartet wird. | „Was ist gewisser als des Menschen Ende?“ (J. G. Hamann) |
| Oxymoron | Pointierte Verbindung zweier einander widersprechender, sich gegenseitig ausschließender Begriffe. | beredtes Schweigen |
| Paradoxon und Antithese | Scheinbar widersinnige Behauptung, die sich jedoch als richtig erweist. | „Eng ist die Welt, doch das Gehirn ist weit.“ (Schiller, Wallenstein) |

# 11. Gattungen erzählender Prosa

Eine wichtige Entscheidung im Schaffensprozeß des Schriftstellers betrifft die literarische Gattung, also die Frage, ob aus dem Stoff und den erzählerischen Mitteln, die ihm zu der Geschichte eingefallen sind, eine Anekdote, eine Novelle, ein Roman usw. werden soll.
Diese Entscheidung steht durchaus nicht immer am Anfang („Ich will jetzt einen Roman schreiben!"), sondern ergibt sich oft erst während der Arbeit. So hatte Thomas Mann z. B. 1897 zunächst vor, eine Novelle über Hanno Buddenbrook zu schreiben, die das Problem um den künstlerisch begabten, aber kaufmännisch uninteressierten Sproß einer alten Patrizierfamilie zum Gegenstand haben sollte. Beim Ausarbeiten von Hannos ‚Stammbaum' weitete sich das Unternehmen dann zu einem mehrere Generationen umgreifenden Familienroman aus.
Auch darf man sich die Entscheidung nicht so vorstellen, als ob der Autor aus einer bestimmten Menge von gleichsam als ‚Naturformen' vorhandenen Gattungen diejenige auswählt, die ihm am geeignetsten erscheint. Vielmehr werden die literarischen Formen dauernd neu geschaffen, sei es dadurch, daß man tradierte Formen aufgreift, um sie durch entsprechende Veränderungen den eigenen Intentionen dienstbar zu machen, sei es, daß man vorgefundene Formen zu diesem Zweck mischt oder daß man neue Formen erfindet.

*Gattungen, auch ‚Dichtarten' oder ‚Formen der Literatur' (Otto Knörrich [Hg.]: Formen der Literatur in Einzeldarstellungen, Kröners Taschenausgabe Band 478, Stuttgart 1981).*

Also handelt es sich um Formen, die sich im Prozeß der Literaturgeschichte dauernd verändern, vermischen, um neue Formen bereichert werden.
Will man einen ersten Überblick gewinnen, so könnte man nach dem Merkmal des Textumfangs zu folgender Liste kommen:

**Gattungen erzählender Prosa**

(1) Kleine Formen:
- Schwank (Erzählung einer komischen Begebenheit aus dem Volksleben)
- Fabel (Lehrhaft-sozialkritische Beispielerzählung, in der Tiere als Träger menschlicher Eigenschaften auftreten)
- Märchen (Erzählung wunderbarer Begebenheiten ohne zeitliche, räumliche und kausale Festlegung in der Wirklichkeit; Gegenstand sind allgemein-menschliche Situationen wie Kampf, Tücke, Befreiung, Hilfe, Rettung, Heilung usw.)
- Anekdote (Erzählung von Episoden aus dem Leben historisch bekannter Gestalten oder von unerhörten Begebenheiten aus der Geschichte)
- Parabel (Gleichniserzählung, in der eine Wahrheit durch einen Vorgang aus einem anderen Vorstellungsbereich veranschaulicht wird)
- Exempel (Lehrhafte Beispielerzählung zur Verdeutlichung geltender Verhaltensnormen, z. B. religiöser Gebote)
- Kurzgeschichte (Geradlinig geführte, strenggefügte Erzählung aus dem Alltagsleben durchschnittlicher Menschen, das durch den gewählten Ausschnitt mit Bedeutung versehen wird)

(2) Formen mittleren Umfangs:
- Erzählung (Darstellung von Geschehnissen und Handlungen in einfacher Fügung)
- Novelle (Kunstvoll gefügte Darstellung eines Handlungsablaufs, die auf einen Höhepunkt hin komponiert ist)
- Kurzroman (In Stoff und Thema dem Roman, in der erzählerischen Ausarbeitung der Novelle verwandt)

(3) Große Formen:
- Längere Erzählung
- Roman
- Romanzyklus (Trilogie: drei, Tetralogie, vier zusammenhängende Romane)

*Kurzroman: Ernest Hemingway: Der alte Mann und das Meer 1952. Romantrilogie: Hermann Broch: Die Schlafwandler 1931/2 (1888 Pasenow oder die Romantik; 1903 Esch oder die Anarchie; 1918 Huguenau oder die Sachlichkeit) Romantetralogie: Uwe Johnson: Jahrestage – Aus dem Leben von Gesine Cresspahl (1970–1983).*

Von diesen Gattungen sind die kleinen Formen – bis auf die Kurzgeschichte, die ein Kind des 20. Jahrhunderts ist – die ältesten. Und nicht nur die Formen lassen sich bis in die Frühzeit der europäischen (antike Literatur) und asiatischen Literaturen (indische, persische, arabische Schwank-, Fabel-, Parabel- und Märchensammlungen) zurückverfolgen, sondern auch die Inhalte, d. h. die Geschichten, sind über Jahrtausende hinweg lebendig geblieben und immer wieder neu bearbeitet worden. Ganz anders liegt der Fall bei der Novelle. Der Name ist alt. Die im Mittelalter und in der frühen Neuzeit in den europäischen Literaturen verbreiteten – meist mit einer Rahmenerzählung zusammengehaltenen – Erzählungszyklen, z. B. der ‚Decamerone' von Boccaccio, wurden zwar ital. als ‚novelle', franz. als ‚nouvelles' bezeichnet, doch gehörten sie zur Gattung der kleinen Formen, waren Schwänke, Parabeln, Exempel und Anekdoten. Die Novelle vom Typ des ‚Michael Kohlhaas' von Kleist ist eigentlich eine Form des 19. Jahrhunderts, die in unserem Jahrhundert zugunsten der Erzählung und des Romans wieder zurücktritt. Der Roman wiederum hat zwar in der Antike einen Vorläufer in dem Liebesroman, der in den Städten des Hellenismus nach dem Tode Alexander des Großen (323 v. Chr.) gern gelesen wurde, ist aber die epische Großform des bürgerlichen Zeitalters. Er setzt Buchdruck und die Verbreitung der Kunst des Lesens voraus und löst das alte, in Versen verfaßte Heldenepos ab. Bis in 18. Jahrhundert hinein rechnet ihn die literarische Theorie nicht zur eigentlichen Dichtung, während er vielen heute als deren besonderer Höhepunkt erscheint. Um außer dem Textumfang zusätzliche Unterscheidungskriterien zu erhalten, müssen die historischen Ausprägungen betrachtet werden, welche die einzelnen Gattungen erfahren haben.

*‚nouvelle'/‚novella': deutsch = ‚Neuigkeit'.*

*Hellenistischer Liebesroman: Übereinstimmendes Handlungsmuster ist die Trennung, Prüfung und endliche Wiedervereinigung der Liebenden.*

## Kleine Formen

Der **Schwank** hat seine größte Verbreitung im 16. Jahrhundert gehabt. Damals gab es eine Unmenge von Sammlungen mit Titeln wie ‚Wendunmut', ‚Wegkürzer' oder ‚Rastbüchlein', welche dem Leser Unterhaltung versprechen. Bis heute sind die Schildbürgerstreiche, die Eulenspiegelgeschichten und – aus späterer Zeit – die Lügenerzählungen des Barons von Münchhausen (Gottfried August Bürger 1796) beliebt. Auch der ‚Rheinische Hausfreund' von Johann Peter Hebel enthielt Schwänke. Das Grundmuster besteht darin, daß Personen mit unterschiedlicher Rolle (Herr/Knecht, Bauer/Städter, Laie/Kleriker) zusammentreffen und eine dieser Figuren mit List den Sieg über die andere davonträgt. Als Einlage in Texten anderer literarischer Gattung finden sich auch heute noch Schwänke wie hier in den ‚Flüchtlingsgesprächen' von Bertolt Brecht (1961):

*Hebel gab von 1808 bis 1815 den Bauernkalender ‚Der rheinländische Hausfreund' heraus.*

„(...) Bei der Korrektur der schriftlichen Arbeiten, von deren Güte das Aufrücken in die nächste Klasse abhing, pflegte der Lehrer auf einem besonderen Bogen die Anzahl der Fehler hinter jedem Namen zu notieren. Rechts davon stand dann auf seinem Blatt die Note, so daß er einen guten Überblick hatte. Sagen wir, 0 Fehler ergab eine I, die beste Note, 10 Fehler ergaben eine II usw. In den Arbeiten selber waren die Fehler rot unterstrichen. Nun versuchten die Unbegabten mitunter, mit Federmessern ein paar rote Striche auszuradieren, nach vorn zu gehen und den Lehrer darauf aufmerksam zu machen, daß die Gesamtfehlerzahl nicht stimmte, sondern zu groß angegeben war. Der Lehrer nahm dann einfach das Papier auf, hielt es seitwärts und bemerkte die glatten Stellen, die durch die Politur mit dem Daumennagel auf der radierten Fläche entstanden waren. B. ging anders vor. Er unterstrich in seiner schon korrigierten Arbeit mit roter Tusche einige vollkommen richtige Passagen und ging gekränkt nach vorn, zu fragen, was denn da falsch sei. Der Lehrer mußte zugeben, daß da nichts falsch sei, selber seine roten Striche ausradieren und auf seinem Blatt die Gesamtfehlerzahl herabsetzen. Dadurch änderte sich dann natürlich auch die Note. Man wird zugeben, daß dieser Schüler in der Schule denken gelernt hatte..."

*Die Geschichte beruht auf einem wirklichen Vorfall, den Otto Müllereisert in der Schwäbischen Landeszeitung Augsburg am 26. 1. 1949 mitgeteilt hat (W. Frisch, K. W. Obermeier [Hg.]: Brecht in Augsburg, suhrkamp taschenbuch 297, Frankfurt am Main 1976, S. 85f.)*

Bertolt Brecht: Prosa Band 4, edition suhrkamp 185, Frankfurt am Main 1980, S. 1403f.

Für das Weiterleben der **Fabel** nehmen wir ein Beispiel, das die Beschäftigung mit dem gleichen Stoff durch die Jahrtausende zeigt. In der Antike wird in der dem Aesop zugeschriebenen Fabelsammlung die Geschichte vom Wolf und dem Lamm erzählt. Sie geht etwa so:

*Aesop, sagenhafter Fabelerzähler aus dem 6. Jahrhundert v. Chr.; spätere Fabelsammlungen wurden unter seinen Namen gestellt.*

Ein Wolf kommt durstig an einen Bach, aus dem bereits weiter unten ein Lamm trinkt. Der Wolf wirft ihm vor, das Wasser zu trüben. Antwort des Lammes: „Das ist gar nicht möglich, da ich weiter unten bin." Neuer Vorwurf des Wolfes: „Vor einem Jahr hast du mich beleidigt." Das Lamm gibt zu bedenken, daß es damals noch gar nicht auf der Welt gewesen sei. „Nun", versetzt der Wolf, „dann war es eben dein Vater", packt das Lamm und vertilgt es. Eine Moral ist beigefügt: „Wer Unschuldige verderben will, findet sicher einen Grund dazu."

Wir greifen aus der Unzahl von Bearbeitungen, die es in der Weltliteratur gibt, drei deutsche Fassungen heraus:

## (1) **Martin Luther (1530): Vom wolff und lemlin**

„Ein wolff und lemlin kamen on geferd / beide an einen bach zu trincken / Der wolff tranck oben am bach / Das lemlin aber / fern unden / Da der wolff des lemlins gewar ward / lieff er zu yhm / und sprach / Warumb truebestu mir das wasser das ich nicht trincken kan / Das lemlin antwortet wie kan ich dirs wasser truben / trinckest du doch ober mir / und mochtest es mir wol truben Der wolff sprach / Wie? fluchestu mir noch dazu? Das lemlin antwortet / Ich fluche dir nicht. Der wolff sprach / Ja Dein Vater thet mir fur sechs monden auch ein solchs / du wilt dich Vetern Das lemlin antwortet / Bin ich (doch) dazu mal nicht geborn gewest / wie sol ich meins Vaters entgelten? Der Wolff sprach / So hastu mir aber / meine wisen und ecker abgenaget und verderbet / Das lemlin antwortet / Wie ist (das) muglich / Hab ich doch noch keine zeene? Ey sprach der wolff / Und wenn du gleich viel aüsreden und schwetzen kanst / wil ich dennoch heint nicht ungefressen bleiben Und wurget also das unschuldige lemlin und fras es

Lere

Der wellt lauff ist / Wer frum sein wil / der mus leiden / solt man eine sache vom alten zaun brechen / Denn Gewalt gehet fur Recht / Wenn man dem hunde zu wil / so hat er das ledder gefressen / Wenn der wolff will / so ist das lamb unrecht“

*Martin Luther (1483–1546), Augustiner-Mönch und Theologieprofessor, löste 1517 durch seine 95 Thesen gegen den Ablaßhandel die Reformation aus, übersetzte 1522 auf der Wartburg, auf der ihm sein Landesherr, Kurfürst Friedrich der Weise von Sachsen, Zuflucht gewährt hatte, die Bibel, schrieb außerdem Predigten, Tischreden, Briefe, geistliche Lieder, Streitschriften u. v. a.*

## (2) **Gotthold Ephraim Lessing (1759): Der Wolf und das Schaf**

„Der Durst trieb ein Schaf an den Fluß; eine gleiche Ursache führte auf der andern Seite einen Wolf herzu. Durch die Trennung des Wassers gesichert und durch die Sicherheit höhnisch gemacht, rief das Schaf dem Räuber hinüber: „Ich mache dir doch das Wasser nicht trübe, Herr Wolf? Sieh mich recht an; habe ich dir nicht etwa vor sechs Wochen nachgeschimpft? Wenigstens wird es mein Vater gewesen seyn.“ Der Wolf verstand die Spötterey; er betrachtete die Breite des Flusses und knirschte mit den Zähnen. Es ist dein Glück, antwortete er, daß wir Wölfe gewohnt sind, mit euch Schafen Geduld zu haben; und gieng mit stolzen Schritten weiter.“

*Lessing (1729–1781), Kritiker, Dichter, Philosoph, bedeutendster Vertreter der deutschen Aufklärung, 1748 Kritiker in Berlin, 1760 Sekretär in Breslau, 1767 Dramaturg in Hamburg, 1770 Bibliothekar in Wolfenbüttel; seine wichtigsten Dramen 1767 ‚Minna von Barnhelm‘, 1772 ‚Emilia Galotti‘, 1779 ‚Nathan der Weise‘.*

*Helmut Arntzen: Kurzer Prozeß. Aphorismen und Fabeln, München: Nymphenburger 1966.*

(3) **Helmut Arntzen (1966):**

„Der Wolf kam zum Bach. Da entsprang das Lamm. Bleib nur, du störst mich nicht, rief der Wolf. Danke, rief das Lamm zurück, ich habe im Äsop gelesen."

Alle Beispiele aus: Reinhard Dithmar: Fabeln, Parabeln und Gleichnisse, dtv 4047, München: Deutscher Taschenbuch Verlag 1970, S. 118f., 193 und 256

Luther fügt zwar einen Vorwurf des Wolfes hinzu, so daß die Reihe dreigliedrig wird, ändert aber nichts an der Struktur. Die Moral verallgemeinert stärker: Es wird auf den ‚Weltlauf' Bezug genommen (21). Lessing aber dreht die Fabel gleichsam um. Wir finden die Vorwürfe des Wolfes nun im Munde des Lammes. Denn die Situation hat sich verändert. In der räumlichen Anordnung ist an die Stelle der Anordnung ‚oberhalb/unterhalb' der Gegensatz ‚hüben/drüben' getreten. Das Lamm fühlt sich in Sicherheit, nun ist der Stärkere, der Wolf, ohnmächtig. Das Thema hat sich geändert. Die Botschaft heißt nicht mehr: „Seht, so sind die Mächtigen, sie wissen jedes Unrecht zu legitimieren." Vielmehr lautet sie nun: „Meint nicht, daß ihr in Sicherheit seid, die Mächtigen haben Zeit, sie bekommen euch doch. Darauf weist die Antwort des Wolfes (10–12). Die Worte „Es ist dein Glück . . ." sind ironisch zu verstehen. Wie Lessing, so setzt auch Arntzen die Kenntnis der Urfassung voraus, wie sie bei Luther zu lesen ist. Doch nun muß der Leser die ganze Arbeit leisten. Der Autor läßt ihn mit der Frage allein, ob er wirklich „im Aesop gelesen" hat. Man sieht: Literatur in ihrem geschichtlichen Prozeß ist Arbeit <u>mit</u> und <u>an</u> der Überlieferung.

In unserem Beispiel S. 62 bis 66 sind die beiden Ausprägungen der **Anekdote** miteinander verbunden, die pointierte Darstellung einer Episode aus dem Leben einer bekannten historischen Persönlichkeit (hier der Dichterin Anna Seghers) und die Mitteilung einer unerhörten Begebenheit aus geschichtlich bewegter Zeit (die Geschwister von Ravensbrück). Das Beispiel von Gotthelf auf S. 30 zeigt allerdings, daß die Bedeutung einer Persönlichkeit nicht schon daraus folgt, daß sie eine Krone trägt. Gemeint ist Friedrich Wilhelm IV., König von Preußen 1840–1861. Je realistischer man die historischen Persönlichkeiten zu sehen gelernt hat, desto mehr ist eine Form der Anekdote hervorgetreten, die man als ‚Anti-Anekdote' bezeichnet. Ein Beispiel von Brecht:

**Mesalliance**

„König Christian der Siebente heiratete eine Haushälterin. Wenn er mit ihr in die Provinz reiste, benahm sich selbst der niedrige Adel ablehnend zu ihr. Sie hatte deshalb ein schweres Leben. Beinahe das schlimmste aber war es für sie, daß Christian sich beim Essen und auch sonst wie ein Bauer benahm."

Bertolt Brecht: Prosa Band 1, edition suhrkamp 182, Frankfurt am Main, 2. Aufl. 1981, S. 232

Christian VII. regierte Dänemark von 1766 bis 1808, übrigens nicht zum Schaden seiner Untertanen. Darum geht es hier aber nicht. Es soll gesagt werden, daß standesgemäße Abkunft nicht schon standesgemäßes Benehmen garantiert und eine Person ohne Stand oft mehr Anstand hat als ein König. Hätte sie sich sonst für ihren Mann geschämt?

In der gleichen Zeit, in der die **Volksmärchen** entdeckt und aufgezeichnet wurden, in der Romantik, gab es auch eine Hochblüte des **Kunstmärchens:**

Friedrich de la Motte Fouqué: Undine 1811
Adelbert von Chamisso: Peter Schlehmihls wundersame Geschichte 1814
Ernst Theodor Amadeus Hoffmann: Der goldene Topf 1815, Meister Floh 1822
Wilhelm Hauff: Drei Märchenalmanache 1825–28 (Die Karawane, Der Scheikh von Alessandria und seine Sklaven, Das Wirtshaus im Spessart)

und viele andere. Seitdem ist das Kunstmärchen aus der Erzählliteratur nicht mehr wegzudenken. Wir nennen ‚Spiegel, das Kätzchen' aus den ‚Leuten von Seldwyla' von Gottfried Keller (1856) und der ‚Der kleine Häwelmann' von Theodor Storm (1849).

*Volksmärchen: Max Lüthi, Es war einmal... Vom Wesen des Volksmärchens, Kleine Vandenhoeck-Reihe 136/7, Göttingen 1962. Felix Karlinger: Grundzüge einer Geschichte des Märchens im deutschen Sprachraum, Darmstadt: Wissenschaftliche Buchgesellschaft 1983.*

Volksmärchen werden seit fernen Zeiten mündlich überliefert. Es sind kürzere Prosaerzählungen, in denen die Naturgesetze aufgehoben erscheinen und das Wunder vorherrscht. Tiere, Pflanzen und Dinge können sprechen und mit den Menschen auf einer Ebene verkehren. Es gibt zaubermächtige Helfer (z. B. Feen) und wunderbare

*In den Bänden der seit 1912 erscheinenden Reihe ‚Die Märchen der Weltliteratur', begründet von Friedrich von der Leyen, herausgegeben von Kurt Schier und Felix Karlinger, Düsseldorf: Eugen Diederichs Verlag, sind bei jedem Märchen die Parallelen aus anderen Völkern und Zeiten angegeben.*

Hilfsmittel (z. B. eine Wunderlampe). Typische Motive und Figuren kehren bei allen Völkern wieder. Der Abschluß ist stets zufriedenstellend und kündet von ausgleichender Gerechtigkeit: Die ‚Guten' werden belohnt, die ‚Bösen' bestraft. Es gibt Tiermärchen, Zaubermärchen, Schwankmärchen (Lügengeschichten, Verkehrte Welt). Eine besondere Art stellen die Kettenmärchen mit Abwandlung des gleichen Motivs (Hans im Glück) und Formelmärchen („und lief Kantapper Kantapper in den Wald hinein") dar. Dem Kunstmärchen fehlt der naive Wunderglaube. Es hat oft lehrhaften, satirischen oder philosophischen Charakter. Seit der Zeit der Aufklärung verwenden viele Schriftsteller diese Form neben anderen Prosaformen (Wieland, Goethe, Tieck, E. T. A. Hoffmann, Hauff, Mörike, Storm u. a.).

*Parabel (griech. = ‚Danebenhalten'): Gleichnis.*

Bei der **Parabel** denken wir heute, wenn nicht an die Gleichnisse des neuen Testaments, so doch sicher an Franz Kafka. Ein Vergleich kann zeigen, wie schwer die Aufgabe dessen ist, der eine moderne Parabel liest und verstehen will:

### Heimkehr

„Ich bin zurückgekehrt, ich habe den Flur durchschritten und blicke mich um. Es ist meines Vaters alter Hof. Die Pfütze in der Mitte. Altes, unbrauchbares Gerät, ineinanderverfahren, verstellt den Weg zur Bodentreppe. Die Katze lauert auf dem Geländer. Ein zerrissenes Tuch, einmal im Spiel um eine Stange gewunden, hebt sich im Wind. Ich bin angekommen. Wer wird mich empfangen? Wer wartet hinter der Tür der Küche? Rauch kommt aus dem Schornstein, der Kaffee zum Abendessen wird gekocht. Ist dir heimlich, fühlst du dich zu Hause? Ich weiß es nicht, ich bin sehr unsicher. Meines Vaters Haus ist es, aber kalt steht Stück neben Stück, als wäre jedes mit seinen eigenen Angelegenheiten beschäftigt, die ich teils vergessen habe, teils niemals kannte. Was kann ich ihnen nützen, was bin ich ihnen und sei ich auch des Vaters, des alten Landwirts Sohn. Und ich wage nicht, an der Küchentür zu klopfen, nur von der Ferne horche ich, nur von der Ferne horche ich stehend, nicht so, daß ich als Horcher überrascht werden könnte. Und weil ich von der Ferne horche, erhorche ich nichts, nur einen leichten Uhrenschlag höre ich oder glaube ihn vielleicht nur zu hören, herüber aus den Kindertagen. Was sonst in der Küche geschieht, ist das Geheimnis der dort Sitzenden, das sie vor mir wahren. Je länger man vor der Tür zögert, desto fremder wird man. Wie wäre es, wenn jetzt jemand die Tür öffnete und mich etwas fragte. Wäre ich dann nicht selbst wie einer, der sein Geheimnis wahren will."

Franz Kafka: Sämtliche Erzählungen, hg. v. Paul Raabe, Fischer Taschenbuch 1078, Frankfurt am Main 1970, S. 320f.

Der Leser kann nicht umhin, diesen Text auf dem Hintergrund jenes anderen Gleichnisses von der Heimkehr des verlorenen Sohnes zu lesen, das in der europäischen Kultur den Menschen bisher vertraut war:

Das Gleichnis vom verlorenen Sohn: 15, 11–32

„[11] Weiter sagte Jesus: Ein Mann hatte zwei Söhne. [12] Der jüngere von ihnen sagte zu seinem Vater: Vater, gib mir das Erbteil, das mir zusteht. Da teilte der Vater das Vermögen auf. [13] Nach wenigen Tagen packte der jüngere Sohn alles zusammen und zog in ein fernes Land. Dort führte er ein zügelloses Leben und verschleuderte sein Vermögen. [14] Als er alles durchgebracht hatte, kam eine große Hungersnot über das Land, und es ging ihm sehr schlecht. [15] Da ging er zu einem Bürger des Landes und drängte sich ihm auf; der schickte ihn aufs Feld zum Schweinehüten. [16] Er hätte gern seinen Hunger mit den Futterschoten gestillt, die die Schweine fraßen; aber niemand gab ihm davon. [17] Da ging er in sich und sagte: Wie viele Tagelöhner meines Vaters haben mehr als genug zu essen, und ich komme hier vor Hunger um. [18] Ich will aufbrechen und zu meinem Vater gehen und zu ihm sagen: Vater, ich habe mich gegen den Himmel und gegen dich versündigt. [19] Ich bin nicht mehr wert, dein Sohn zu sein; mach mich zu einem deiner Tagelöhner. [20] Dann brach er auf und ging zu seinem Vater. Der Vater sah ihn schon von weitem kommen, und er hatte Mitleid mit ihm. Er lief dem Sohn entgegen, fiel ihm um den Hals und küßte ihn. [21] Da sagte der Sohn: Vater, ich habe mich gegen den Himmel und gegen dich versündigt; ich bin nicht mehr wert, dein Sohn zu sein. [22] Der Vater aber sagte zu seinen Knechten: Holt schnell das beste Gewand, und zieht es ihm an, steckt ihm einen Ring an die Hand, und zieht ihm Schuhe an. [23] Bringt das Mastkalb her, und schlachtet es; wir wollen essen und fröhlich sein. [24] Denn mein Sohn war tot und lebt wieder; er war verloren und ist wiedergefunden worden. Und sie begannen, ein fröhliches Fest zu feiern."

*Vgl. das Gleichnis von den ungleichen Söhnen im Matthäus-Evangelium 21,28–32*

Aus dem Lukasevangelium

*Einheitsübersetzung der Heiligen Schrift. Neues Testament, Stuttgart: Kathol. Bibelanstalt/Deutsche Bibelstiftung 1979.*

Die Leserleistung besteht nun darin, nicht nur, wie das bei jedem Gleichnis nötig ist, die Bildebene auf die Sachebene zu beziehen, auf die das erzählte Geschehen verweist. Er muß außerdem einen Vergleich zwischen zwei Gleichnissen anstellen, von denen er noch gar nicht weiß, ob sie der Intention des Autors nach etwas miteinander zu tun haben. Das heißt, er muß seine Rezeption der Kafka-Parabel kritisch reflektieren. Dort fragt sich der Heimkehrer, wer ihn wohl empfangen werde (7f.), ist unsicher (11), wagt nicht zu klopfen (16/17); mit dem Zögern wächst seine Fremdheit (24/25); jeder bleibt mit seinem Geheimnis allein (26–28). Im Evangelientext will der Sohn zum Vater gehen (17ff.); dieser eilt ihm entgegen (20ff.) und freut sich über seine Heimkehr (24). Die Kenntnis dieses Gleichnisses durchkreuzt beim Leser die Rezeptionsvorgaben, die ihm der Kafka-Text gibt, und gibt dem Rezeptionsvorgang eine Struktur, die man so veranschaulichen könnte:

*Rezeption: Aufnahme eines Werkes durch den Leser, Wirkung auf ihn.*

*Bildebene: Die Geschichte, die der Text erzählt.*
*Sachebene: Sachverhalt, auf den das erzählte Geschehen verweist.*

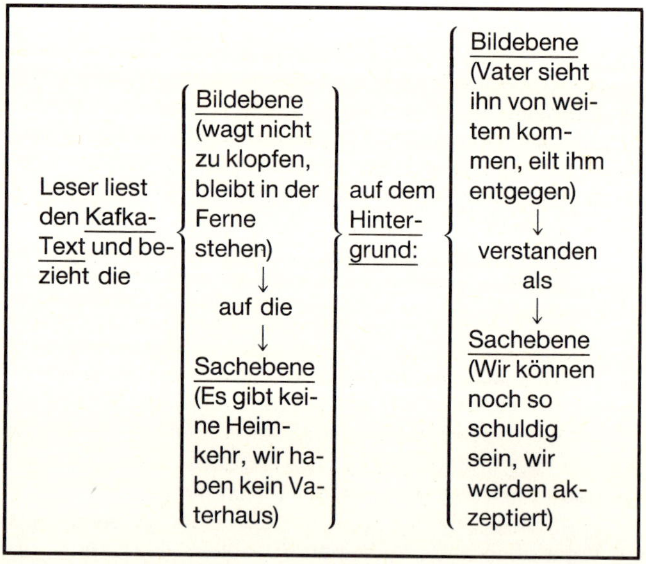


*Exemplum: lat. = ‚Beispiel'.*
*Exempel: Beispielserzählung.*

Das **Exempel** hat das ganze Mittelalter hindurch bis ins 19. Jahrhundert seinen Platz in der Predigt gehabt. Es gab Exempelbücher, in denen der Geistliche bei der Predigtvorbereitung passende Beispiele finden konnte, z. B. unter dem Stichwort ‚Religion und Politik' das folgende:

„Ein Gouverneur wies einen Geistlichen, dem ein politisches Mandat auferlegt worden war, darauf hin, wieviel Gutes er wirken könnte, wenn er keine Politik treiben würde. Daraufhin gab der Geistliche folgende Antwort: „Früher dachte ich auch so. Nicht ohne Überwindung konnte ich mich dazu entschließen, Politik zu treiben. Dazu habe ich mich erst entschlossen, seitdem die Politik auch Religion treibt. Wenn die Politik die Religion in Ruhe läßt, lasse ich als der erste die Politik in Ruhe."

Hermann Deutl: Exempelbuch, Erste Sammlung, 2. Aufl., Graz 1915, S. 290

Das Grundmuster ist seit Jahrhunderten das gleiche: Die Hauptfigur wird in eine Lage gebracht, in der sie eine Entscheidung treffen muß, mit der sie entweder die Lage und sich selbst rettet (positives Beispiel) oder aber darin versagt (negatives Beispiel). Oft wird die Lehre, die daraus zu ziehen ist, von der Hauptfigur selbst, in Form einer Sentenz, formuliert. Es gibt diese Gattung immer noch, z. B. in den Keuner-Geschichten bei Brecht (Prosa Band 2, edition suhrkamp 183) oder bei Bloch:

**Die Leidner Flasche**

„Desto merkwürdiger, daß sich benutzen läßt, was wir überhaupt nicht kennen, als wäre es für uns da. Der Elektriker Siemens bestieg einmal die Cheopspyramide, schon unterwegs hatten ihm die Gesichter seiner Begleiter nicht gefallen. Oben blieb wenig Zeit, die Aussicht zu bewundern, denn die Beduinen griffen zur Pistole, plünderten Siemens aus. Aber dieser, dem schon lange die elektrische Ladung der Wüstenluft aufgefallen war, warf in höchster Schlauheit seinen Gummimantel unter die Füße, hob den durchnäßten Finger in die Luft und senkte ihn, grade als der Scheich vor ihm stand, langsam auf dessen Nasenspitze. Ein Funke fuhr aus der lebenden Leidner Flasche hinüber. Die Beduinen rannten schreiend davon und Siemens, als er den mühseligen Abstieg allein und ohne Magie, endlich hinter sich hatte, staunte selber noch lange über „seine" Kraft. Er hatte sich durchaus als Zauberer bewährt; aber wie kommt die Aufklärung zum Aberglauben, die Regeldetri zum Hexeneinmaleins? –: sie lacht darüber und sieht ihm schließlich ähnlich. Der berechnete Funke sprang über, wie früher vielleicht der besprochene; diesmal „gut", ein andermal „schlecht", denn beides geht ihn nichts an."

Ernst Bloch: Spuren. Neue erweiterte Ausgabe, Bibliothek Suhrkamp 54, Frankfurt am Main 1962, S. 206

*Werner von Siemens (1816–1892), Ingenieur, begründete die Starkstromtechnik, erfand 1866 die Dynamomaschine.*

*Ernst Bloch (1885–1977), Philosoph, erste Veröffentlichung über sein Hauptthema ‚Der Geist der Utopie' 1918, seit 1933 in der Emigration, 1949 Professor in Leipzig, seit 1961 in Tübingen, sein Hauptwerk ‚Das Prinzip Hoffnung' (erschien bei Suhrkamp 1954–1959), 1967 Friedenspreis des Deutschen Buchhandels.*

Die Geschichte, die hier erzählt wird, dient nur als Beispiel zur Veranschaulichung einer philosophischen Überlegung. Es geht um den Vergleich zweier verschiedener Interpretationen von Naturkräften, der wissenschaftlich-technischen (Siemens) und der magischen (Beduinen). Dabei kommt heraus, daß sie einander gar nicht so unähnlich sind (19f.): wir Menschen „benutzen“ (1) und ‚berechnen‘ (20) oder ‚besprechen‘ (21), „was wir überhaupt nicht kennen“ (1/2). Die Natur aber bleibt davon unberührt („beides geht ihn nichts an“ 22).

*Hans-Christoph Graf von Nayhauss (Hg.): Theorie der Kurzgeschichte, Reclam UB 9538, Stuttgart 1977.*

Mit der **Kurzgeschichte** kommen wir zu einer kleinen Form, die erst im 20. Jahrhundert entstanden ist. Zunächst hat sie etwas zu tun mit den Produktionsbedingungen des Schriftstellers in unserer Zeit. Zeitungen und Zeitschriften benötigen kurze, abgeschlossene Erzählungen. Andererseits sind viele Schriftsteller heutzutage Journalisten, wie z. B. der Meister der amerikanischen Short Story, Ernest Hemingway (1899–1961). Zum andern entsprach diese Form, als sie in Deutschland beliebt wurde, den literarischen Erfordernissen der Situation: In dem Traditionsbruch nach dem 2. Weltkrieg gab es ein Widerstreben gegen ‚große‘ Formen epischer Prosa, Novelle und Roman, mit ihrem allwissenden Erzähler, ihrer anspruchsvollen Sprache und ihrem komplexen Inhalt. Die Kurzgeschichte mit ihrem personalen Erzähler, ihrer alltagsnahen Sprache, ihrer offenen Struktur bot sich einer Generation an, der es nicht mehr auf Weltdeutung ankam, sondern auf Existenzerhellung. Die Kurzgeschichte erzählt objektiv eine Geschichte, die durch die Art der Darstellung, durch ihre Wortwahl, durch das, was sie wegläßt, durch Andeutungen zwischen den Zeilen eine subjektive Wahrheit signalisiert. Diese Wahrheit ist nicht direkt ausgedrückt, sondern muß vom Leser erst erschlossen werden. Im Grunde folgen die Merkmale der Kurzgeschichte bereits aus ihrer Kürze:

- Wirklichkeitsausschnitt: Aus dem Leben durchschnittlicher Menschen wird ein Ereignis herausgegriffen, das dieses Leben vor eine Entscheidung stellt und ihm eine Wendung gibt. Zeitlich umfaßt dieses Ereignis nur eine kurze Spanne, räumlich erfüllt es nur ein Bruchstück der Welt.
- Erzählweise: Die Menschen werden kommentarlos charakterisiert, das Milieu in relevanter (z. B. sozialer)

Hinsicht skizziert, das Ganze des gemeinten Prozesses an einem einzelnen Moment desselben durchsichtig gemacht. Ein lediglich andeutender Erzählstil, in dem das explizit Erzählte auf übergreifende Sinnzusammenhänge verweist, ein offener Schluß fordern den Leser zum Mit- und Weiterdenken auf.

Kurzgeschichten haben wir weiter oben unter bestimmten Aspekten bereits behandelt (Franz Kafka: Der Nachbar S. 27ff., Heinrich Böll: ‚Wanderer kommst du nach Spa...' S. 45, Gabriele Wohmann: Der Antrag S. 68f.) Hier noch ein Beispiel, an dem sich die Merkmale der Gattung besonders gut erkennen lassen:

„Kaum stand sie vor dem Spiegel im Badezimmer, um sich herzurichten, als ihre Mutter aus dem Zimmer nebenan zu ihr hereinkam, unter dem Vorwand, sie wolle sich nur die Hände waschen.

Also doch! Wie immer, wie *fast* immer.

Elsas Mund krampfte sich zusammen. Ihre Finger spannten sich. Ihre Augen wurden schmal. Ruhig bleiben!

Sie hatte darauf gewartet, daß ihre Mutter auch dieses Mal hereinkommen würde, voller Behutsamkeit, mit jener scheinbaren Zurückhaltung, die durch ihre Aufdringlichkeit die Nerven freilegt. Sie hatte – behext, entsetzt, gepeinigt – darauf gewartet, weil sie sich davor fürchtete.

– Komm, ich mach dir Platz, sagte sie zu ihrer Mutter und lächelte ihr zu.

– Nein, bleib nur hier, ich bin gleich soweit, antwortete die Mutter und lächelte.

– Aber es ist doch so eng, sagte Elsa, und ging rasch hinaus, über den Flur, in ihr Zimmer. Sie behielt einige Augenblicke länger als nötig die Klinke in der Hand, wie um die Tür mit Gewalt zuzuhalten. Sie ging auf und ab, von der Tür zum Fenster, vom Fenster zur Tür. Vorsichtig öffnete ihre Mutter. Ich bin schon fertig, sagte sie.

Elsa tat, als ob ihr inzwischen etwas anderes eingefallen wäre, und machte sich an ihrem Tisch zu schaffen.

– Du kannst weitermachen, sagte die Mutter.

– Ja, gleich.

Die Mutter nahm die Verzweiflung ihrer Tochter nicht einmal als Ungeduld wahr.

Wenig später allerdings verließ Elsa das Haus, ohne ihrer Mutter adieu zu sagen. Mit der Tram fuhr sie in die Stadt, in die Gegend der Post. Dort sollte es eine Wohnungsvermittlung geben, hatte sie einmal gehört. Sie hätte zu

Hause im Telefonbuch eine Adresse nachsehen können. Sie hatte nicht daran gedacht, als sie die Treppen hinuntergeeilt war.

In einem Geschäft für Haushaltungsgegenstände fragte sie, ob es in der Nähe nicht eine Wohnungsvermittlung gebe. Man bedauerte. Sie fragte in der Apotheke, bekam eine ungenaue Auskunft. Vielleicht im nächsten Haus. Dort läutete sie. Schilder einer Abendzeitung, einer Reisegesellschaft, einer Kohlenfirma. Sie läutete umsonst. Es war später Nachmittag, Samstag, zweiundzwanzigster Dezember.

Sie sah in eine Bar hinein. Sie sah den Menschen nach, die vorbeigingen. Sie trieb mit. Sie betrachtete Kinoreklamen.

Sie ging Stunden umher. Sie würde erst spät zurückkehren. Ihre Mutter würde zu Bett gegangen sein. Sie würde ihr nicht mehr gute Nacht zu sagen brauchen.

Sie würde sich, gleich nach Weihnachten, eine Wohnung nehmen. Sie war zwanzig Jahre alt und verdiente. Kein einziges Mal würde sie sich mehr beherrschen können, wenn ihre Mutter zu ihr ins Bad kommen würde, wenn sie sich schminkte. Kein einziges Mal.

Ihre Mutter lebte seit dem Tod ihres Mannes allein. Oft empfand sie Langeweile. Sie wollte mit ihrer Tochter sprechen. Weil sich die Gelegenheit selten ergab (Elsa schützte Arbeit vor), suchte sie sie auf dem Flur zu erreichen oder wenn sie im Bad zu tun hatte. Sie liebte Elsa. Sie verwöhnte sie. Aber sie, Elsa, würde kein einziges Mal mehr ruhig bleiben können, wenn sie wieder zu ihr ins Bad käme.

Elsa floh.

Über der Straße künstliche, blau, rot, gelb erleuchtete Sterne. Sie spürte Zuneigung zu den vielen Leuten, zwischen denen sie ging.

Als sie kurz vor Mitternacht zurückkehrte, war es still in der Wohnung. Sie ging in ihr Zimmer, und es blieb still. Sie dachte daran, daß ihre Mutter alt und oft krank war. Sie kauerte sich in ihren Sessel, und sie hätte unartikuliert schreien mögen, in die Nacht mit ihrer entsetzlichen Gelassenheit."

*Walter Helmut Fritz, geb. 1929, Lyriker und Erzähler, Übersetzer, Verfasser von Hörspielen und Schauspielen.*

Walter Helmut Fritz: Augenblicke, Stuttgart: DVA 1964. Zitiert nach: Hans-Christoph Graf von Nayhauss (Hg.): Kürzestgeschichten, Reclam UB 9569, Stuttgart 1982, S. 23–25

Das Ganze des Generationenkonflikts wird hier am Detail der Benutzung des gemeinsamen Badezimmers gezeigt. Die Wende, welche die Hauptfigur herbeiführen will, gelingt noch nicht: Der Wohnungswechsel bleibt Wunsch (52/53). Das Verhalten der Mutter wird in seiner Wirkung verdeutlicht (9–12, 29/30), gleichwohl aus ihrer Lage verständlich gemacht (57–64). Die Tochter versteht diese Lage (71), wird aber nicht mit der nervlichen Belastung fertig (6/7, 12–14, 53–56, 62–65, 72–74). Es bleibt offen, ob die Hauptfigur eine eigene Wohnung finden und ein neues Verhältnis zu ihrer Mutter begründen wird. Es ist der 22. 12. (44/45): Was wird Weihnachten sein? Der Leser muß die Geschichte fortsetzen.

## Formen mittleren Umfangs

Die Geschichte der deutschen **Novelle** beginnt eigentlich mit Goethes ‚Novelle' von 1828 und seinen Äußerungen darüber, welche Idee und Gestalt der Novellendichtung des 19. Jahrhunderts entscheidend bestimmt haben:

*Zur Unterscheidung vom Novellenbegriff der romanischen Literaturen s. o. S. 84f.*

„... denn was ist eine Novelle anders als eine sich ereignete unerhörte Begebenheit. Dies ist der eigentliche Begriff, und so vieles, was in Deutschland unter dem Titel Novelle geht, ist gar keine Novelle, sondern bloß Erzählung oder was sie sonst wollen." (Johann Peter Eckermann: Gespräche mit Goethe, 29. 1. 1827)

Der Inhalt von Goethes Novelle ist folgender:

Eine fürstliche Jagdgesellschaft bemerkt unterwegs, daß in einer Menagerie, die in der nahen Stadt gastiert, ein Feuer ausgebrochen ist. Bald darauf begegnet ihnen im Wald ein Tiger aus dieser Menagerie, vor dem das Pferd der Fürstin scheut. Ein Begleiter erschießt das Tier. Da erscheinen die Schausteller, denen der Tiger gehört hat, und bitten darum, ihren Löwen, der ebenfalls ausgebrochen sei, zu schonen. Ihr Knabe werde das Tier mit seiner Flöte und seinem Gesang besänftigen und ohne Gefahr in seinen Käfig zurückführen. So geschieht es. Mit einem Lied über Daniel in der Löwengrube führt der Knabe das Tier hinter sich her, zieht ihm einen Dorn aus der Tatze und bringt es zu seinem Herrn zurück.

*Die ‚Novelle' war als Einlage in ‚Wilhelms Meisters Wanderjahre' (vgl. dazu S. 103f.) geplant. Ihre Absicht war, „zu zeigen, wie das Unbändige, Unüberwindliche oft besser durch Liebe und Frömmigkeit als durch Gewalt bezwungen werde" (Goethe zu Eckermann am 18. 1. 1827).*

Das Beispiel zeigt, wie die Elemente der Geschichte in der Novelle behandelt werden:

*In Goethes ‚Novelle' symbolisieren die Tiere das „Unbändige", das in der Liebe des Helden zur Fürstin enthalten ist und am Ende bezwungen wird. Zum Dingsymbol s. o. S. 67f.*

| | |
|---|---|
| **Ereignisse, Handlungen** | Geschehensausschnitt auf eine Krisensituation konzentriert, Drehpunkt der Handlung durch ein ‚Dingsymbol' vergegenständlicht |
| **Figuren** | Verknüpfung von Schicksal und Charakter |
| **Zeit** | Straffung des Erzählten auf eine dramatische Linie (knappe Exposition, Spannungsbogen zum Höhe- bzw. Wendepunkt, spannunglösender Ausklang) |
| **Raum** | Szenenartige Ausschnitte, keine ausführliche Milieuschilderung |

Bevor Goethe, die literarische Autorität des 19. Jahrhunderts, den Maßstab für die Novelle setzt, sind die unübertroffenen Muster erschienen, die Novellen von Heinrich von Kleist:

Michael Kohlhaas
Das Erdbeben in Chili
Die Marquise von O.
Die Verlobung in St. Domingo u. a. (1810).

Thomas Mann hat seine Erzählersprache als etwas „absolut Singuläres" bezeichnet und ihre Wirkung auf den Leser so charakterisiert:

„Der Begriff des ‚Spannenden' ist mit dem der Erzählung eng verbunden. Mit Recht: erzählen heißt spannen, und des Erzählers Kunst ist, zu unterhalten noch mit dem, was eigentlich langweilig sein müßte, zu spannen selbst mit dem der Sache nach Altvertrauten, dessen Verlauf und Ausgang jeder schon kennt. Nicht dieser Art ist die Spannung, die Kleist, der Erzähler, erzeugt. Er hält es mit dem Wortsinn des Namens ‚Novelle', der ‚Neuigkeit' heißt. Was er mit unbeweglicher Miene vorbringt, sind Neuigkeiten, unerhört; und die Spannung, in der sie den Leser halten, hat etwas unheimlich Spezifisches. Sie ist Besorgnis, Schrecken, das Grauen vor dem Rätselhaften, Zwiespalt der Vernunft, der ängstliche Eindruck, daß Gott sich irrt, – ‚Verwirrung des Gefühls'. Es ist nicht zuviel gesagt: Er weiß auf die Folter zu spannen – und es fertig zu bringen, daß wir's ihm danken." Heinrich von Kleist: Die Erzählungen, mit einer Einleitung von Thomas Mann, Fischer Bücherei 135, Frankfurt am Main 1956, S. 28

Eine ungefähre Einteilung der verschiedenen Novellentypen läßt sich am besten nach dem Inhalt vornehmen:

Kleist hatte das Vorbild für die historische Novelle geliefert, die nicht von ungefähr im 19. Jahrhundert zur vorherrschenden Novellenart wurde. In dieser Zeit nahm die Geschichtsforschung einen ungeheuren Aufschwung. Es entstanden die großen Quellensammlungen, die heute noch in Gebrauch sind und weiter fortgesetzt werden, z. B. die Sammlung der mittelalterlichen Zeugnisse der deutschen Geschichte, die unter dem Namen ‚Monumenta Germaniae historica' seit 1819 erscheint. Solchen Quellensammlungen und auch nicht edierten Chroniken haben die Novellendichter oft ihren Stoff entnommen. Manchmal war die historische Novelle mit einer Liebesgeschichte verbunden, z. B. bei:

Wilhelm Raabe: Die schwarze Galeere 1865
Conrad Ferdinand Meyer: Das Amulett 1873
Conrad Ferdinand Meyer: Gustav Adolfs Page 1882
Theodor Storm: Der Schimmelreiter 1888

*‚Das Amulett': Vgl. S. 50 und 68.*

Eine Liebesgeschichte konnte auch allein die Novellenhandlung bestimmen, z. B. bei:

Joseph von Eichendorff: Aus dem Leben eines Taugenichts 1826
Adalbert Stifter: Brigitta 1844
Theodor Storm: Immensee 1850

Der Typ der Künstlernovelle, in der Romantik aufgekommen, wurde vor allem von Thomas Mann bevorzugt:

Eduard Mörike: Mozart auf der Reise nach Prag 1856
Thomas Mann: Tonio Kröger 1903
Thomas Mann: Der Tod in Venedig 1913

In diesem Novellentyp wird ein für das bürgerliche Zeitalter kennzeichnendes Problem behandelt, die Spannung zwischen der Existenzweise des gestaltenden Künstlers und der auf Erwerb gerichteten Lebensform des wirtschaftlich tätigen Menschen.

Ein weiterer Typ ist die Kriminalnovelle, die entweder als Detektivgeschichte auftreten kann, in der ein Detektiv aufgrund weniger Beobachtungen mit Hilfe der Logik einen Fall klärt, oder in anspruchsvollerer Form sich mit den Motiven und der Psychologie des Täters befaßt. Bekannte Beispiele sind:

*E. Marsch: Die Kriminalerzählung, 2. Aufl. Zürich: Artemis/München: Winkler 1983*

Friedrich Schiller: Verbrecher aus verlorener Ehre 1786
E. T. A. Hoffmann: Das Fräulein von Scuderi 1819
Annette von Droste-Hülshoff: Die Judenbuche 1842
Theodor Fontane: Unterm Birnbaum 1885

*Zur Lenz-Novelle von Büchner s. o. S. 44f.*

Eine Besonderheit stellt die psychologische Dichter-Novelle ‚Lenz' von Georg Büchner (1836) dar, in der die Aufzeichnungen des Pfarrers Oberlin zu einer Schizophrenie-Studie erzählerisch verarbeitet sind. Verwandt damit ist der Typ der Charakternovelle, in der sich die Handlungsfolge aus der psychischen Eigenart des Helden zwangsläufig ergibt, z. B.:

Adalbert Stifter: Abdias 1843

Gerhart Hauptmann: Bahnwärter Thiel 1892

Novellen können vom Verfasser auch als Sequenz angelegt sein, sei es, daß sie eine bestimmte Thematik variieren und durchspielen (Adalbert Stifter: Bunte Steine 1853), sei es, daß sie an eine bestimmte Kommunikationssituation gebunden werden (Goethe: Unterhaltungen deutscher Ausgewanderten 1795) oder auf einen bestimmten Ort bezogen sind (Gottfried Keller: Die Leute von Seldwyla 1856; Züricher Novellen 1876–78). Man spricht dann von Novellenzyklen.

*In dieser Novelle geht es um die Frage, ob man töten darf, um sein eigenes und das Leben anderer zu retten.*

*Der Held der Novelle hat sich durch Schachspielen in der Gestapo-Haft seine Widerstandskraft bewahrt. Doch wird er durch das dauernde Spielen gegen sich selbst nervenkrank. Wieder in Freiheit, wird er, sobald er Schach spielt, wieder krank.*

*Der Begriff ‚Erzählung' wird in zweierlei Bedeutung gebraucht: Einmal versteht man darunter jede erzählende Dichtung von der Kurzgeschichte bis zum Roman. Zweitens aber bezeichnet man damit eine bestimmte Gattung, um sie von der Novelle oder dem Roman zu unterscheiden.*

Im 20. Jahrhundert tritt die Gattung der Novelle, wie sie von Goethe und Kleist bestimmt worden war, allmählich zurück. ‚Wir sind Utopia' von Stefan Andres (1942) ist weniger eine Novelle als vielmehr eine Erzählung mit ausgedehnten zeitgeschichtlichen und religiösen Dialogen. Die ‚Schachnovelle' von Stefan Zweig (1942) stellt eine psychologische Studie dar, in der Zweig an zwei ungleichen Partnern zwei verschiedene Antriebe des Menschen zum Spiel einander gegenüberstellt. An der Gattung der **Erzählung**, die – von Goethe noch negativ definiert („bloß Erzählung"; s. o. S. 97) – immer stärker hervortritt und neue erzählerische Möglichkeiten entwickelt, erweist sich das Bedürfnis, von der streng gebauten, um eine „unerhörte Begebenheit" herum komponierten Novelle wegzukommen. Schon Adalbert Stifter nennt deshalb seine Sammlung ‚Bunte Steine' (1853) und seine 13 ‚Studien' (1844, 1847, 1850) ausdrücklich ‚Erzählungen'. Die Befreiung von dem Formgesetz, das eine dramatische, d. h. auf einen Wendepunkt hin orientierte Handlungsführung vorschreibt, gestattet nun ein stärkeres Eingehen auf Charaktere und längere Betrachtungen des Erzählers über sein Thema.

## Große Formen

Hier ist vor allem der Roman zu nennen. Wegen der Kontinuität seiner Gattungsgeschichte lassen sich die Veränderungen, welche die Erzählkunst im Lauf der Zeit erfahren hat, an ihm besonders gut erkennen.

Der Name ‚Roman' bezeichnete im mittelalterlichen Frankreich jedes in der Landessprache (lingua romana), d. h. nicht auf Latein, geschriebene Werk. Später wurde der Ausdruck auf die Prosaerzählung begrenzt. Die literarische Gattung des neuzeitlichen Romans setzt mit dem ‚Don Quijote' von Cervantes (1547–1616) ein, der schon alle jene Merkmale zeigt, die wir mit dem Begriff dieser literarischen Gattung verbinden. Der Roman ist nämlich die typische literarische Gattung des bürgerlichen Zeitalters. Schon an seinem Beginn hat er die Erfahrung von der entzauberten Welt zum Thema und versucht, diese Erfahrung künstlerisch zu bewältigen. Er setzt eine gesellschaftliche Umwelt voraus, die nicht mehr von Idealen bestimmt ist, wie es bei der Welt des Heldenepos der Fall war, sondern in der bereits das Nützlichkeitsdenken zuhause ist. Diese Umwelt will der Roman darstellen und zugleich kritisieren. Das geschieht nach einem durchgängigen Grundmuster: Der Roman verfolgt den Weg eines (meist naiven) Einzelnen durch diese neue Welt, die er als fremd und feindlich erlebt. Es ist ein Weg der Desillusionierung und der allmählichen Bewußtwerdung. Der Philosoph Hegel hat dieses Muster als den „Konflikt zwischen der Poesie des Herzens und der entgegenstehenden Prosa der Verhältnisse" bezeichnet.

*Don Quijote, durch die Lektüre allzu vieler Ritterromane verwirrt, spielt in der Welt der kleinen Leute den Ritter und macht sich bei ihnen lächerlich. Thema des Werkes ist der Zusammenstoß zwischen Ideal und Wirklichkeit.*

*Georg Wilhelm Friedrich Hegel, 1770–1831, deutscher Philosoph des Idealismus.*

Als ‚große' Prosaform übertrifft der Roman die mittleren und kleinen Formen nicht nur an Umfang, sondern auch an Vielschichtigkeit der Komposition: Er kann alle möglichen Darstellungsformen und erzählerischen Mittel anderer literarischer Gattungen in sich aufnehmen; Brief, Tagebuch, Reisebericht, Essay, dramatische und lyrische Elemente, z. B. szenische Auftritte oder Gedichte, ja ganze Novellen können den Erzählfluß der Haupthandlung durchbrechen. In der Dichtungstheorie, der Poetik, ist der Roman lange Zeit gegenüber dem Versepos, der Tragödie und der Lyrik als minderwertige Gattung bewertet worden. Das ist dadurch zu erklären, daß der Roman sich zu Beginn des bürgerlichen Zeitalters zunächst von

*Noch Goethe hat sie gelesen: „Der Verlag oder vielmehr die Fabrik jener Bücher, welche in der folgenden Zeit unter dem Titel Volksschriften, Volksbücher, bekannt und sogar berühmt geworden, war in Frankfurt selbst, und sie wurden, wegen des großen Abgangs, mit stehenden Lettern auf das schrecklichste Löschpapier fast unleserlich gedruckt. Wir Kinder hatten also das Glück, diese schätzbaren Überreste der Mittelzeit auf einem Tischchen vor der Haustüre eines Büchertrödlers täglich zu finden und sie uns für ein paar Kreuzer zuzueignen ..." (Dichtung und Wahrheit I,1)*

*Schelmenroman: Vorbild war der ‚Lazarillo de Tormes' in Spanien 1554; der Held, ein Fahrender, dt. ‚Schelm', span. ‚pícaro' (daher auch ‚pikarischer' Roman), zieht umher und erlebt Welt und Gesellschaft in der Perspektive ‚von unten', d. h. aus der Sicht der kleinen Leute.*

*Zum ‚allwissenden' Erzähler s. o. S. 76; zur Durchbrechung der chronologischen Handlungsfolge s. o. S. 37ff.*

seinen Vorgängern, den Ritterromanen und dem noch auf die Antike zurückgehenden Liebesroman distanzieren muß. Diese Vorgänger hatten nämlich mit Hilfe der neuen Technik des Buchdrucks in volkstümlichen Versionen auf billigem Papier weite Verbreitung gefunden und das abwertende Urteil der Dichtungstheoretiker auf sich gezogen.

Der erste bedeutende deutsche Roman entsteht in der Barockzeit. Es ist ‚Der Abenteuerliche Simplicissimus' (1669) von Hans Jakob Christoffel von Grimmelshausen (ca. 1622–1676). Der Roman knüpft an die deutschen Volksbücher an. Erzähltechnisch folgt er dem Vorbild des spanischen Schelmenromans. Der Roman stellt die deutschen Verhältnisse während des Dreißigjährigen Krieges dar. Er ist als autobiographische Ich-Erzählung des „einfältigen" Simplicissimus angelegt und verfolgt dessen Lebensweg auf dem Lande, im Kloster, bei den Soldaten, auf dem Schlachtfeld und auch in der Stadt, so daß sich ein buntes Bild der damaligen Zeit und der Kriegswirren ergibt. Die locker komponierte, novellenähnliche Erzählung gibt einen so lebendigen Eindruck von ihrem Gegenstand, daß sie auch noch heute den Leser zu fesseln vermag.

Ein entscheidender Fortschritt in der Entwicklung der Erzählkunst gelingt in der Epoche der Aufklärung dem Dichter Christoph Martin Wieland (1733–1813). Er führt den ‚allwissenden' Erzähler ein, der die Handlungen und Überlegungen des Helden kommentiert und sich auch unmittelbar an den Leser wendet. Auch durchbricht er das Schema der chronologischen Handlungsfolge durch Rückblenden und Vorausdeutungen. Mit seiner ‚Geschichte des Agathon' (1766/7) begründet er die forthin so beliebte Gattung des Bildungs- und Entwicklungsromans, an deren einzelnen Vertretern sich der historische Wandel des Menschenbildes und Erziehungsideals ablesen läßt. In ihr werden die Abenteuer des äußeren Geschehens als Situationen der Persönlichkeitsentwicklung dargestellt, wobei der Held sich mit gesellschaftlichen Gegebenheiten auseinandersetzen muß, die einer solchen Entwicklung entgegenstehen. Die Abenteuer Agathons spielen zwar im antiken Griechenland, doch sind in dieser Welt der Vergangenheit die Verhältnisse des Absolutismus in Deutschland mit ihren Einschränkungen der bürgerlichen Freiheit verschlüsselt. Nach vielen in Unfreiheit verlebten Jahren erhält Agathon die Möglichkeit, in Tarent ein freies Gemeinwesen zu gründen und zu leiten. So gewinnt er den Glauben „an die angeborene Schönheit und Würde dieser menschlichen Natur" wieder, die er „auf diesem Theater der Verstellung, der Betrügerei, der Intrigen, der Schmeichelei und Verräterei, wo Tugenden und Pflichten bloße Rechenpfennige und alle Gesichter Masken sind", beinahe verloren hätte.

Im Sturm und Drang erzielt der 25jährige Goethe mit seinem Briefroman ‚Die Leiden des jungen Werthers' (1774) einen ungeheuren literarischen Erfolg. Der Roman hat einen bürgerlichen Individualisten zum Helden, in dessen Persönlichkeitsbild die Gedanken und Gefühle, Stimmungen und Strebungen der jungen Generation von damals zum Ausdruck kommen. Das eigentliche Thema sind nicht Werthers unglückliche Liebe und Selbstmord, sondern der Gegensatz zwischen der Realität und den Idealen, welche jene Generation junger bürgerlicher Intellektueller aufgrund ihrer Lektüre der Bücher von Rousseau vertrat. Das Neue an dem Roman ist der Einblick in die intimsten psychischen Vorgänge des Menschen, die bisher nicht Gegenstand literarischer Gestaltung gewesen waren.

*Doris Bonz (Hg.): Johann Wolfgang von Goethe ‚Die Leiden des jungen Werther' mit Materialien, Klettbuch 3519, Stuttgart 1979.*

*Jean Jacques Rousseau (1712–1778) verneinte in einer Preisarbeit die Frage, ob der kulturelle Fortschritt die Menschen sittlich gehoben habe. Demgegenüber predigt er die Tugenden des Urzustandes der Menschheit, Freiheit und Unschuld. Sein politischer Grundgedanke ist die ‚Basisdemokratie'.*

Höhepunkt des Romans der Klassik ist der ‚Wilhelm Meister', an dem Goethe von 1776 bis 1829 gearbeitet hat. Eine Urfassung, ‚Wilhelm Meisters theatralische Sendung', wurde 1910 aufgefunden. In seiner Umarbeitung zu ‚Wilhelm Meisters Lehrjahre' (1795/6) hat Goethe die Bedeutung des Theaters zurückgedrängt. Ab 1807 verfaßte er einen zweiten Teil ‚Wilhelm Meisters Wanderjahre oder die Entsagenden', der 1821 erschien, an dem er aber bis 1829 weiterarbeitete, bis das Ganze in der ‚Ausgabe letzter Hand' herausgegeben wurde. Als Bildungs- und Entwicklungsroman stellt der ‚Wilhelm Meister' das Bindeglied zwischen dem Roman der Aufklärung (Wielands ‚Agathon') und dem des Realismus des 19. Jahrhunderts dar (Gottfried Keller, ‚Der grüne Heinrich' 1854f., zweite Fassung 1879f.). In ihm wird der Reifungsprozeß eines jungen Mannes bürgerlicher Herkunft gezeichnet, der den gesellschaftlichen Werten, Pflichten und Forderungen auf den verschiedenen Lebensgebieten

*Zu ‚Wilhelm Meister' s. o. S. 26.*

*Essay (engl./franz. = ‚Versuch'): kürzere, allgemeinverständliche, literarisch gestaltete Abhandlung. Aphorismus (griech. = ‚Abgrenzung, Definition'): zugespitzt formulierter Prosaausspruch, z. B.: „Ein Buch ist ein Spiegel; wenn ein Affe hineinguckt, so kann freilich kein Apostel heraussehen" (Georg Christoph Lichtenberg 1742–1799).*

*„Die Poesie ist das echt absolut Reelle. Dies ist der Kern meiner Philosophie. Je poetischer, desto wahrer." (Novalis, Neue Fragmente 27).*

begegnet, bis er das Ziel erreicht, in konkreter Beschränkung als Arzt, d. h., realistisch und nicht idealistisch für das Wohl der Gemeinschaft zu wirken. Das Werk ist locker komponiert, die Handlungsführung vielfach durch Novellen, Essyas und Aphorismen unterbrochen.

In der Romantik ändert sich das Thema des Bildungsromans aufgrund der Auffassung, daß die Poesie „das echt absolut Reelle" darstellt, daß die Dinge selbst, die Natur, die Schöpfung also, ‚Poesie' sind. Im Roman ‚Heinrich von Ofterdingen' (1802) von Novalis (= Friedrich Leopold Freiherr von Hardenberg) wird daher – z. T., in märchenhafter Form – erzählt, wie ein junger Mann zum Dichter reift. Er findet am Ende die ‚blaue Blume', die Erlösung im poetischen Schaffensakt. Der Bildungsroman ist hier zum Künstlerroman geworden.

Im Biedermeier finden wir eine andere Weise des ‚Aussteigens' aus der Welt. Der Bildungsroman ‚Nachsommer' (1857) von Adalbert Stifter stellt einen Versuch dar, den zwiespältigen Verhältnissen des 19. Jahrhunderts auf der Ebene hoher Bildung zu entkommen. In einer sittlich untadeligen Welt, in der es das Böse nicht gibt, leben die Menschen in wohlgeordneter Natur inmitten von Kunstwerken und schön gearbeiteten Gegenständen in harmonischer Gemeinschaft.

Der bedeutendste Bildungsroman des Realismus ist ‚Der grüne Heinrich' von Gottfried Keller, der stark autobiographische Züge trägt. Der Held lebt lange Jahre auf Kosten seiner Mutter als freier Künstler, bis er am Ende in einen bürgerlichen Beruf findet, der ihm etwas einbringt und ihm ein Wirken für die und in der Gesellschaft ermöglicht. Der Konflikt zwischen Künstlertum und Berufsleistung ist realistisch gelöst.

*Zum Widerspruch zwischen Bürgertum und Künstlertum bei Thomas Mann s. o. S. 99, zu Schopenhauer S. 58.*

Am Ende mündet diese Reihe der Bildungsromane in das Werk von Thomas Mann ein, bei dem dieser Widerspruch nicht mehr aufgelöst wird, sondern im Sinne der Philosophie Schopenhauers (‚Die Welt als Wille [= bürgerliche Tüchtigkeit] und Vorstellung [= künstlerische Phantasie]') stehenbleibt.

*Unterscheide: Realismus = literarische Strömung von etwa 1850 bis 1890; kritische Darstellung der zeitgenössischen Realität, die im Individuellen auch*

Neu ist im 19. Jahrhundert der soziale Roman Theodor Fontanes, der recht eigentlich die Bezeichnung ‚Realismus' für diese Literaturepoche erlaubt. Fontane sagt dazu selbst:

„Was soll der moderne Roman? . . . Der Roman soll ein Bild der Zeit sein, der wir selber angehören, mindestens die Widerspiegelung eines Lebens, an dessen Grenze wir selbst noch standen oder von dem unsere Eltern noch erzählten . . .“ (Sämtliche Werke, hg. v. W. Keitel. Aufsätze, Kritiken, Erinnerungen, 1. Band, München: Hanser 1969, S. 319)

*das Typische sichtbar machen will; der Mensch erscheint in seinem Konflikt von Selbst- und Fremdbestimmtheit.*

*Naturalismus = literarische Strömung von etwa 1880 bis 1900; Darstellung des Alltags, vor allem des Arbeitermilieus und der Fabrikstädte, mit exakter Genauigkeit und sozialkritischer Tendenz; der Mensch erscheint als Produkt seiner gesellschaftlichen Verhältnisse.*

Fontane (1819–1898) war Apotheker in Berlin, wurde mit 30 Journalist und begann erst als 50jähriger, Romane zu schreiben, in denen er die gesellschaftlichen Zwänge, unter denen das Verhalten seiner Figuren steht, anhand von deren Reaktionen und Äußerungen einsichtig macht:

Irrungen, Wirrungen 1887
Frau Jenny Treibel oder Wo sich Herz zu Herzen find’t 1892
Effi Briest 1894/5
Der Stechlin 1897

*Zu ‚Effi Briest‘ vgl. S. 53f.*

Der Begriff des ‚sozialen Romans‘ geht auf einen Vortrag zurück, den Thomas Mann 1939 über ‚Die Kunst des Romans‘ gehalten hat. Er bezeichnet dort diejenigen Romane des 19. Jahrhunderts, die sich mit den gesellschaftlichen Veränderungen der Zeit und mit dem Gedanken der Demokratie beschäftigen, als „soziale Roman-Dichtung“. Der Literaturwissenschaftler Walter Müller-Seidel hat den Begriff auf Fontane angewandt und dessen Roman-Dichtung in einen größeren historischen Zusammenhang hineingestellt, durch den er deutlich zu machen vermag, in welcher Weise Fontanes Werk eine neue Epoche in der Literaturgeschichte einleitet, die in unsere Gegenwart hineinreicht. In dem folgenden Textausschnitt wird der Begriff im geschichtlichen Kontext erklärt:

*Der Begriff ‚Sozialer Roman‘ ist umfassender und genauer als die Begriffe ‚Gesellschaftsroman‘ (= realistische Darstellung der zeitgenössischen Gesellschaft) und ‚Zeitroman‘ (= Schilderung der zeitgenössischen historischen Gesamtsituation).*

„[. . .] Ein genauer Begriff des Sozialen ist uns damit nicht gegeben. Noch weniger kann von einer Definition die Rede sein; denn das Soziale vermag vieles einzuschließen. [. . .]
Dennoch hat es mit der Wendung von der sozialen Romankunst oder der sozialen Romandichtung, wie es bei Thomas Mann heißt, seine Richtigkeit. Nur muß man sich an den ‚Kontext‘ halten, wenn man den Begriff gebraucht; und der Kontext ist in unserem Fall das 19. Jahrhundert, in dem er epochemachend hervortritt. [. . .] Das Soziale ist eine Bewußtseinsfrage. Die Geschichte dieses Bewußtwerdens ist die Geschichte des Sozialen im spezifischen Sinn. Neue Sachverhalte erfordern neue Begriffe, und die „soziale Frage“ ist ein solcher. Seit den vierziger Jahren des 19. Jahrhunderts ist dieser Begriff in den deutschen Wortschatz eingegangen und rasch zum allseits gebrauch-

ten Schlagwort avanciert. In der Sache selbst handelt es sich um einen folgenreichen Strukturwandel im wirtschaftlichen Gefüge: um die Verdrängung von Handwerk und Handarbeit durch die Maschine und in eins damit um die ,Lage der arbeitenden Klasse', um die Misere des Arbeiters im maschinellen Betrieb. Aber bereits im Wortverständnis der Zeitgenossen blieb die soziale Frage nicht auf solche Vorgänge und Entwicklungen beschränkt. Schon dem 19. Jahrhundert war sie ein ganzes Bündel von Fragen. ,Was aber ist nun die soziale Frage?' heißt es in einer Schrift über den radikalen deutschen Sozialismus, die in den siebziger Jahren erschien; und die Antwort lautet: ,Zunächst nicht eine einzelne, sondern ein Complex von einzelnen Fragen. In diesem Zusammenhang werden genannt: die Lohn- und Wohnungsfrage, die Frauenfrage, die Kinderarbeitsfrage; und wenigstens hinsichtlich der Frauenfrage hat man es nicht nur mit Problemen einer Arbeiterfamilie zu tun. Mehr und mehr erweist sich gerade diese Frage als überaus komplex, und die Stellung der arbeitenden Frau im industriellen Betrieb ist nur eine ihrer Aspekte. Um diesen geht es auch, aber vor allem und generell um bestimmte Eigenrechte, die geltend gemacht und als Emanzipation der Frau gefordert werden. Der Anspruch auf Bildung und auf Arbeit in akademischen Berufen, die ihr bisher weithin verwehrt waren, läßt nicht lange auf sich warten. Er wird zunehmend von den Betroffenen selbst erhoben. Die soziale Frage ist damit in den Herrschaftsbereich der ,guten Gesellschaft' gelangt. Bestimmte Herrschaftsformen sind von einer bestimmten Zeit an nicht mehr sakrosankt. Die Art, wie sie ausgeübt werden, und die Personen, die sie bisher ausgeübt haben, werden in Frage gestellt. Alle diese Fragen machen uns darauf aufmerksam, daß sich nicht allein im engeren Bereich eines Berufsstandes, in demjenigen des Arbeiters, etwas ,bewegt'. Die Gesellschaft im ganzen – in allen ihren Gliedern, Gruppen und Klassen – ist in Bewegung geraten. Dieser Strukturwandel des gesellschaftlichen Lebens, um den es sich handelt, geht letztlich auf Wandlungen des Denkens zurück. Denkformen, die lange Zeit die beherrschenden gewesen sind, werden von anderen verdrängt oder abgelöst. [. . .] Das Soziale – als soziale Frage ebenso wie als politische Bewegung – ist eine Denkform in dem so verstandenen Sinn. Dies besagt, daß bestimmte Denkschemata allmählich als überholt erkannt werden, weil sie der Realität immer weniger entsprechen. In der Literatur ist ein solcher Bewußtseinswandel an den Personen eines Werkes ebenso ablesbar wie an seinem Schöpfer, dem Autor. Die soziale Frage wird zu einer Bewußtseinsfrage erweitert, um die es sich in der Tat handelt. [. . .]

Die Literatur ist davon ein Teil. Es ist daher folgerichtig anzunehmen, daß dem allgemeinen Strukturwandel auch ein Strukturwandel der literarischen Formen entspricht. Die Literaturgeschichte ist kein isolierbares Gebiet. Sie mündet ihrerseits in den umgreifenden Prozeß einer so verstandenen Bewußtseinsgeschichte ein." (Walter Müller-Seidel: Theodor Fontane – Soziale Romankunst in Deutschland, 2., durchgesehene Aufl. Stuttgart: Metzler 1980, S. 10ff.)

## Krise des Erzählens

Während das realistische Erzählen weiterging, hatte sich bei vielen Schriftstellern etwas ereignet, was man als veränderte Bewußtseinslage und neues Wirklichkeitserlebnis bezeichnen könnte. Als Beleg dafür wird immer wieder der „Brief des Lord Chandos" (1902) von Hugo von Hofmannsthal (1874–1929) angeführt, in dem es heißt:

> „Mein Fall ist, in Kürze, dieser: Es ist mir völlig die Fähigkeit abhanden gekommen, über irgend etwas zusammenhängend zu denken oder zu sprechen."

*Der Schreiber ist eine fiktive, der Adressat eine historische Person, der Philosoph Francis Bacon (1561–1626), Begründer des Empirismus. Der Schreiber versucht zu erklären, warum er auf weitere literarische Betätigung verzichtet.*

Der Schreiber dieses fiktiven Briefes meint damit, daß ihm bei dem Versuch, über irgendeinen Gegenstand vernünftig zu sprechen, „die abstrakten Worte, deren sich doch die Zunge naturgemäß bedienen muß, um irgendwelches Urteil an den Tag zu geben, ... im Munde wie modrige Pilze (zerfielen)." Die Worte passen nicht mehr auf die Wirklichkeit, weil er die Wirklichkeit auf neue Weise wahrnimmt:

> „So wie ich einmal in einem Vergrößerungsglas ein Stück von der Haut meines kleinen Fingers gesehen hatte, das einem Blachfeld mit Furchen und Höhlen glich, so ging es mir nun mit den Menschen und ihren Handlungen. Es gelang mir nicht mehr, sie mit dem vereinfachten Blick der Gewohnheit zu erfassen. Es zerfiel mir alles in Teile, die Teile wieder in Teile, und nichts mehr ließ sich mit einem Begriff umspannen."

Bei dem Versuch, sich „aus diesem Zustand in die geistige Welt der Alten hinüberzuretten", macht er die Erfahrung, daß ihre Weltauslegung nicht mehr gilt. Sie ist zu abstrakt, rückt die Dinge in einen zu großen Abstand, den er nicht mehr einzuhalten vermag. Denn sein Geist zwingt ihn jetzt, „alle Dinge... in einer unheimlichen Nähe zu sehen".

Was hier zum ersten Mal beschrieben wird, bezeichnen wir mit dem Begriff der Entfremdung, an den wir uns inzwischen genauso gewöhnt haben, wie frühere Generationen an die Begriffe, mit denen ‚die Alten' die Welt interpretiert haben. Wer das gleichc Erlebnis gehabt hat, wie jener ‚Lord Chandos' es in diesem Brief beschreibt, kann daher diese Begriffe und die traditionelle Weltaus-

*Unterscheide:*
*Entfremdung = Zustand der Entwurzelung, des ‚Unbehaustseins' in einer nicht mehr überschaubaren, nicht mehr auf den Begriff zu bringenden Welt.*
*Verfremdung = Literarische Technik, durch die der Dichter dem Leser Gewohntes als fremd erschei-*

*nen läßt und ihn zu bewußter Rezeption des Gelesenen auffordert.*

legung nur noch in der Weise des ‚Als ob' gebrauchen, d. h. er muß sie in der Weise der Parodie in den Mund nehmen, so wie Thomas Mann in dem Roman ‚Der Erwählte' das Legenden-Erzählen parodiert, das früher einmal der Erbauung gedient hatte. Das Mißtrauen in die begriffliche Ordnung der Welt wiederum und die neue Erfahrung, daß die Welt in Teile zerfällt, haben zur Folge, daß derjenige, der etwas über sie sagen will, dies nur tun kann, indem er die Teile auf seine Weise zusammensetzt, sie montiert. Mit diesen drei Begriffen haben wir die wichtigsten Kategorien beisammen, die für die Interpretation eines großen Teils der modernen Erzählliteratur nötig sind.

*Ein Textbeleg aus diesem Roman von Thomas Mann auf S. 25f.*

*Beispiele für Montage s. o. S. 69f. und 77f.*

**(1) Verfremdung:** Welt erscheint nicht mehr vertraut, läßt sich nicht mehr mit der alten Begriffsordnung erfassen, wird als fremd erlebt. Diese Erfahrung läßt sich literarisch nur gestalten, wenn erzählte Ereignisse, Figuren, Zeitabläufe und Räume in die Perspektive des Fremdseins gerückt werden.
**(2) Montage:** Welt erscheint nicht mehr als sinnvolles Ganzes, kann nicht mehr als Ordnung interpretiert werden, wird als in Teile zerfallen erlebt. Also muß erzählte Welt so aufgebaut werden, daß man sie aus Wirklichkeitsfragmenten zusammensetzt, d. h. ‚montiert'.
**(3) Parodie:** Tradierte literarische Normen erscheinen als ungeeignet, heutige Erfahrung zu gestalten. Sie können daher nur in dem Bewußtsein verwendet werden, daß sie nicht mehr gelten, d. h. nur parodiert werden.

Eine der Auswirkungen des Erlebnisses der Entfremdung besteht nun darin, daß der Schriftsteller eine andere Sprache und andere literarische Mittel sucht, um sich auszudrücken, also eine vom üblichen Sprachgebrauch und von der gewohnten Erzählweise abweichende, d. h. eine verfremdete Sprache und Erzählweise. So finden wir z. B. in modernen Romanen den reduzierten Erzähler, d. h. der Autor zieht sich so weit aus der Erzählerrolle zurück, daß man die berühmte Frage „Wer erzählt den Roman?" gar nicht mehr beantworten kann:

„Seine Blicke fielen auf das letzte Stockwerk des an den Steinbruch angrenzenden Hauses. Wie ein Licht aufzuckt, so fuhren die Fensterflügel eines Fensters dort auseinander, ein Mensch, schwach und dünn in der Ferne und Höhe, beugte sich mit einem Ruck weit vor und streckte die Arme noch weiter aus.
Wer war es? Ein Freund? Ein guter Mensch? Einer, der teilnahm? Einer, der helfen wollte? War es ein einzelner? Waren es alle? War noch Hilfe? Gab es Einwände, die man vergessen hatte? Gewiß gab es solche.
Die Logik ist zwar unerschütterlich, aber einem Menschen, der leben will, widersteht sie nicht. Wo war der Richter, den er nie gesehen hatte? Wo war das hohe Gericht, bis zu dem er nie gekommen war? Er hob die Hände und spreizte alle Finger."

Franz Kafka: Der Prozeß 1925, Frankfurt a. M.: S. Fischer Verlag

*Ein Aufsatz von Wolfgang Kayser: ‚Wer erzählt den Roman?' hatte seinerzeit eine Diskussion über diese Frage ausgelöst (Volker Klotz [Hg.]: Zur Poetik des Romans, Darmstadt: Wissenschaftliche Buchgesellschaft 1965, S. 197–216).*

Der Leser erfährt nicht, ob 7 bis 14 zum Erzählerbericht gehören oder ob es sich um ‚erlebte Rede' der erzählten Figur handelt. Ein Übergang von Außen- zu Innenperspektive wird nicht signalisiert. Wir haben auch beim Helden oft keine als Individualität zu fassende Person vor uns. „Das kontinuierliche Ich ist eine Mythe", hat Brecht gesagt (Sinn und Form. Zweites Sonderheft Bertolt Brecht, Berlin 1957, S. 137). Das Menschenbild des bürgerlichen Zeitalters von der autonomen, d. h. sich selbst bestimmenden, Persönlichkeit mit einer kontinuierlichen, als Sinneinheit erlebbaren Lebensgeschichte kann unter den veränderten geschichtlichen Bedingungen nicht mehr verwirklicht werden. In der Soziologie werden diese Bedingungen folgendermaßen beschrieben:

*Zum ‚Erzählerbericht' s. o. S. 57, zur ‚Erlebten Rede' S. 58, zur Außen- und Innenperspektive S. 22f.*

„Die Organisationsformen der modernen industriellen Gesellschaft sind weitgehend ‚säkularisiert', d. h., sie werden im wesentlichen von systemimmanenten, ‚zweckrationalen' Normen bestimmt. Das hat eine wichtige, sozialpsychologisch faßbare Folge: Die Rollen, durch die das Individuum in die Sozialstruktur eingegliedert wird, haben zwar einen im jeweiligen institutionellen Zusammenhang genau definierten ‚objektiven' Sinn, dieser ist jedoch nicht schlicht umsetzbar in den ‚subjektiven' Sinnzusammenhang der individuellen Lebensführung. Vom Standpunkt der Einzelbiographie haben gesellschaftliche Rollen nur partielle, verhältnismäßig stark entpersönlichte Bedeutungen; gesellschaftliche Integration der partiellen Bedeutungen in einen übergeordneten Zusammenhang ist nicht mehr verbindlich im Rahmen eines religiösen Deutungssystems vorgeleistet. Das heißt, daß die Einbettung des einzelnen in die Gesellschaft zwar eine strukturelle Gegebenheit ist, deren Sinn aber sozusagen zur

Privatangelegenheit wird. Die Sozialstruktur bestimmt zwingend und im jeweiligen Institutionszusammenhang überzeugend weite Bereiche menschlichen Handelns, dient aber nicht mehr als fester Deutungsrahmen für die Sinngestaltung des Einzeldaseins." (Thomas Luckmann: Persönliche Identität in der modernen Gesellschaft, in Hans-Georg Gadamer/Paul Vogler (Hg.): Neue Anthropologie, Band 2, Sozialanthropologie, dtv 4071, Stuttgart: Thieme und München: Deutscher Taschenbuch Verlag 1972, S. 173)

*In diesem Roman erhält der Ich-Erzähler den Auftrag, einen Roman über die Liebe zu schreiben, wobei er die notwendigen Erfahrungen mit seiner Verlegerin sammeln soll. Er ist also zugleich Autor und Held. Seine Verlegerin ist mit ihm in beiden Rollen unzufrieden. Daraufhin schreibt er nun einen Roman über das Scheitern des Romanschreibens. So werden verschiedene Erzählebenen montiert.*

In dem Roman ‚Das Einhorn' (1966) behandelt Martin Walser diesen Sachverhalt in ironischer Weise:

„*Ist ein Held nötig?*" Ja. Aber wer ist kein Held? Was durch eine Oberhaut zusammengehalten wird, ist ein Held. Eingesperrt in seine Haut, sieht er dem Tod entgegen. Das hält er aus. Nur der Unsterbliche wäre kein Held. Jetzt noch einen Namen für die Versammlung sonst unvereinbarer Einzelheiten. Daß eine Stelle entsteht. Kein Aufenthalt im Dahintreiben, sondern eine dahintreibende Stelle. Der Name ein Fähnchen, man kann die Stelle verfolgen."

Der Held ist kein unverwechselbarer Charakter mehr. Walser definiert ihn sozusagen romantechnisch, und zwar im Hinblick auf den Leser, der – wegen der Verwechselbarkeit der Personen heute – die „dahintreibende Stelle" (8) nur am Namensfähnchen verfolgen kann.

Oft ist im modernen Roman der ‚rote Faden' des Handlungsablaufs durch innere Vorgänge ersetzt, der ‚Bewußtseinsstrom' macht den Romaninhalt aus. Der Leser erlebt die ‚Entfremdungsprozesse' mit, in denen der Erzähler die Welt erfährt, die er nicht mehr als ein zusammenhängendes Ganzes zu schildern vermag. Hier dokumentiert sich in der Literatur ein übergreifender geschichtlicher Vorgang der Bewußtseins- und Wahrnehmungsveränderung, der mit der Verwandlung der Welt durch den Aufstieg der Naturwissenschaften zu tun hat:

„Niemand wird den ungeheuren Zuwachs an Wissen und Macht leugnen, den die Entwicklung der Naturwissenschaften dem Menschen eingetragen hat; kurz vor dem Anbruch der Neuzeit wußte die europäische Menschheit weniger als Archimedes im dritten Jahrhundert vor unserer Zeitrechnung, und die ersten fünfzig Jahre unseres Jahrhunderts enthalten eine größere Anzahl entscheidender Entdeckungen als alle Jahrhunderte der uns bekannten Geschichte zusammengenommen. Aber wer wüßte nicht, daß man die gleiche Entwicklung mit kaum weniger

Recht auch für das nachweisliche Anwachsen der Verzweiflung, für die Entzauberung der Welt, für die Entstehung des Nihilismus, der ein spezifisch neuzeitliches Phänomen ist, verantwortlich machen kann, daß diese einst esoterischen Phänomene sich immer breiterer Bevölkerungsschichten bemächtigt haben, und daß heute – vielleicht das bezeichnendste Symptom für die Unvermeidlichkeit dieser Begleiterscheinungen – auch die Forschung selbst, deren begründeter Optimismus sich noch im neunzehnten Jahrhundert so auffallend von dem nicht weniger gerechtfertigten Pessimismus der Denker und Dichter abhob, von ihnen nicht mehr verschont ist. Das Naturbild der modernen Physik, dessen Anfänge man bis auf Galilei zurückverfolgen kann, und das dadurch entstand, daß das Vermögen des menschlichen Sinnesapparats, Wirklichkeit zu vermitteln, in Frage gestellt wurde, zeigt uns schließlich ein Universum, von dem wir nicht mehr wissen, als daß es in bestimmter Weise unsere Meßinstrumente affiziert; und das, was wir von unseren Apparaten ablesen können, sagt über die wirklichen Eigenschaften in dem Bilde Eddingtons nicht mehr aus, als eine Telephonnummer von dem aussagt, der sich meldet, wenn wir sie wählen. Anstatt mit objektiven Eigenschaften, mit anderen Worten, finden wir uns mit den von uns selbst erbauten Apparaten konfrontiert, und anstatt der Natur oder des Universums begegnen ‚wir gewissermaßen immer nur uns selbst'." (Hannah Arendt: Vita activa oder Vom tätigen Leben, Serie Piper 217, München 1981, S. 255f.)

*Arthur Eddington (1882–1944), britischer Astronom und Physiker, begründete die Erforschung des inneren Aufbaus der Sterne.*

*Hannah Arendt zitiert hier Werner Heisenberg: Das Naturbild der heutigen Physik, rde 8, Hamburg: Rowohlt 1955, S. 18.*

Ins Literarische übersetzt heißt das: Der Erzähler ist mit seinen Empfindungen allein; die Welt dringt nur in Form von Wahrnehmungsfetzen an ihn heran und bildet kein ‚objektives' Gegenüber. Eines der frühesten Zeugnisse für diese Erfahrung ist der Tagebuch-Roman ‚Die Aufzeichnungen des Malte Laurids Brigge' (1910) von Rainer Maria Rilke. Hier ein Textbeispiel:

*Es sind die ‚Aufzeichnungen' eines übersensiblen Menschen, dem auch die unscheinbarsten Begegnungen zu erschütternden Erlebnissen werden. Das Buch endet mit einer eigenen Deutung des Gleichnisses vom verlorenen Sohn. Vgl. dazu den Kafka-Text auf S. 90f.*

„Daß ich es nicht lassen kann, bei offenem Fenster zu schlafen. Elektrische Bahnen rasen läutend durch meine Stube. Automobile gehen über mich hin. Eine Tür fällt zu. Irgendwo klirrt eine Scheibe herunter, ich höre ihre großen Scherben lachen, die kleinen Splitter kichern. Dann plötzlich dumpfer, eingeschlossener Lärm von der anderen Seite, innen im Hause. Jemand steigt die Treppe. Kommt, kommt unaufhörlich. Ist da, ist lange da, geht vorbei. Und wieder die Straße. Ein Mädchen kreischt: Ah tais-toi, je ne veux plus. Die Elektrische rennt ganz erregt heran, darüber fort, fort über alles. Jemand ruft. Leute laufen, überholen sich. Ein Hund bellt. Was für eine Erleichterung: ein Hund. Gegen Morgen kräht sogar ein Hahn, und das ist Wohltun ohne Grenzen. Dann schlafe ich plötzlich ein." (11. September, rue Toullier).

In einem Handlungsroman würde vielleicht anstelle dieses Bewußtseinsstroms von akustischen Eindrücken, denen sich der Tagebuchschreiber wehrlos ausgeliefert fühlt („über mich hin" 2/3), der Erzählerbericht in einem einzigen Satz vermelden:

Die erste Nacht in Paris ließ ihn der Großstadtlärm nicht schlafen.

Auch Raum und Zeit verlieren oft ihre strukturierende Funktion. Wo keine äußere Handlung der Zeitordnung und der Schauplätze bedarf, werden Raum und Zeit mit einer neuen Funktion versehen, z. B. um die inneren Vorgänge in der Figur des Ich-Erzählers, seine Verlorenheit in einer unverstandenen Welt, eindringlich zu machen:

*H. Binder: Kafka-Kommentar, Band 1: Zu sämtlichen Erzählungen, 3. Aufl. München: Winkler 1982*

„Unser Städtchen liegt nicht etwa an der Grenze, bei weitem nicht, zur Grenze ist es noch so weit, daß vielleicht noch niemand aus dem Städtchen dort gewesen ist, wüste Hochländer sind zu durchqueren, aber auch weite fruchtbare Länder. Man wird müde, wenn man sich nur einen Teil des Weges vorstellt, und mehr als einen Teil kann man sich gar nicht vorstellen. Auch große Städte liegen auf dem Weg, viel größer als unser Städtchen. Zehn solche Städtchen, nebeneinander gelegt, und von oben noch zehn solche Städtchen hineingezwängt, ergeben noch keine dieser riesigen und engen Städte. Verirrt man sich nicht auf dem Weg dorthin, so verirrt man sich in den Städten gewiß, und ihnen auszuweichen ist wegen ihrer Größe unmöglich. Aber doch noch weiter als bis zur Grenze ist, wenn man solche Entfernungen überhaupt vergleichen kann – es ist so, als wenn man sagte, ein dreihundertjähriger Mann ist älter als ein zweihundertjähriger –, also noch viel weiter als bis zur Grenze ist es von unserem Städtchen zur Hauptstadt. Während wir von den Grenzkriegen hie und da noch Nachrichten bekommen, erfahren wir aus der Hauptstadt fast nichts, wir bürgerlichen Leute meine ich, denn die Regierungsbeamten haben allerdings eine sehr gute Verbindung mit der Hauptstadt, in zwei, drei Monaten können sie schon eine Nachricht von dort haben, wenigstens behaupten sie es."

Franz Kafka: Sämtliche Erzählungen, hg. v. Paul Raabe, Fischer Taschenbuch 1078, Frankfurt a. M. 1970, S. 309f.

Hier ist die Struktur der politisch-gesellschaftlichen Hierarchie, in der die Untenstehenden mit ihren Anliegen nie bei den Oberen anlangen können, Kafkas Hauptthema, einmal auf eine räumliche Struktur abgebildet worden. Wie kommt man überhaupt zu den „bürgerlichen Leuten" (22) in dem „Städtchen" (1, 3, 9, 19)? Die Gefahr ist groß, daß man sich auf dem Wege verirrt (12–14). Die Entfernungen sind ungeheuer und werden durch groteske Zahlenvergleiche (9–12, 15–18) veranschaulicht: Wer „eine sehr gute Verbindung" hat, kann schon in 2 oder 3 Monaten eine Nachricht aus der Zentrale erhalten (23–26). Was ist damit beabsichtigt? Man wird von der Realität des Ganzen überzeugt, den ungeheuer langen und beschwerlichen ‚Dienstwegen' der ‚Kleinen Leute' und der Existenz ihres „Städtchens". Aber das geschieht nicht durch konkrete Anschauung, sondern durch die Sprache, die eine nicht genau definierbare Wirklichkeit dem Leser durch Verfremdung nahe bringt.

*Zur sprachlich-stilistischen Montage bei Döblin vgl. die Beispiele auf S. 60f und 78f.*

# Anhang:
# Zur Epocheneinteilung der Literaturgeschichte

Wir haben die Textbeispiele oft bestimmten Epochenbegriffen zugeordnet, Barock, Aufklärung, Klassik usw., um den literaturgeschichtlichen Prozeß, in dem sich die Formen mit der Bewußtseinslage und der Weltauffassung der Autoren verändern, zu gliedern. Natürlich ist es schwierig, die Literaturgeschichte in Epochen einzuteilen. Je nach dem gewählten Schwerpunkt ergeben sich unterschiedliche Gliederungen. Auch läßt sich nicht jeder Autor einer bestimmten Epoche zuordnen. So befriedigt z. B. die Einordnung von Kleist in die Romantik nicht, weil er die Dichtungsauffassung ihrer Autoren (s. o. S. 104f.) nicht teilt. Die Epochen überschneiden sich zeitlich, und der gleiche Autor kann in seinem Werk mehrere Epochen repräsentieren wie Goethe, der im Sturm und Drang begann, die Klassik mit begründete und die Romantik noch überlebt hat. Als Orientierungsmittel geben wir eine Übersicht, die der Einteilung eines verbreiteten Nachschlagwerks entspricht (Herbert A. und Elisabeth Frenzel: Daten deutscher Dichtung, siehe Literaturverzeichnis S. 118). Sie enthält die allgemein verwendeten Epochenbegriffe, wird allerdings, je mehr sie sich der Gegenwart nähert, weniger genau. Sie kann ergänzt werden durch die chronologische Einteilung, wie sie für die Zeit nach 1945 in einer neuen Literaturgeschichte verwendet wird:

<u>(1) Nachkriegsliteratur 1945–1949:</u>
Dominanz einer Gattung: die Kurzgeschichte (Wolfgang Borchert, Wolfdietrich Schnurre, Heinrich Böll)
<u>(2) Romane der fünfziger Jahre:</u>
Gesellschaft und Geschichte (Wolfgang Koeppen, Heinrich Böll, Alfred Andersch, Günter Grass)
<u>(3) Romane der sechziger Jahre:</u>
Das Wechselspiel von Fakten und Fiktion (Ingeborg Bachmann, Hubert Fichte, Max Frisch, Peter Härtling, Uwe Johnson, Martin Walser)
<u>(4) Dokumentarische Literatur der sechziger Jahre:</u>
Max von der Grün, Günter Wallraff, Werkkreis Literatur der Arbeitswelt
<u>(5) Romane der siebziger Jahre:</u>
Tendenzwende (Ingeborg Drewitz, Elisabeth Plessen, Peter Schneider, Nicolas Born u. a.)

Ein Überblick über die Literatur der DDR ist dort in einem besonderen Kapitel beigefügt. (J. Bark, D. Steinbach, H. Wittenberg: Geschichte der deutschen Literatur, Band 6: Von 1945 bis zur Gegenwart, von Hans-Peter Franke u. a., Stuttgart: Klett 1983)
Aus der Übersicht auf S. 115 geht auf der rechten Seite die zeitliche Kontinuität der einzelnen Gattungen erzählender Dichtung hervor.

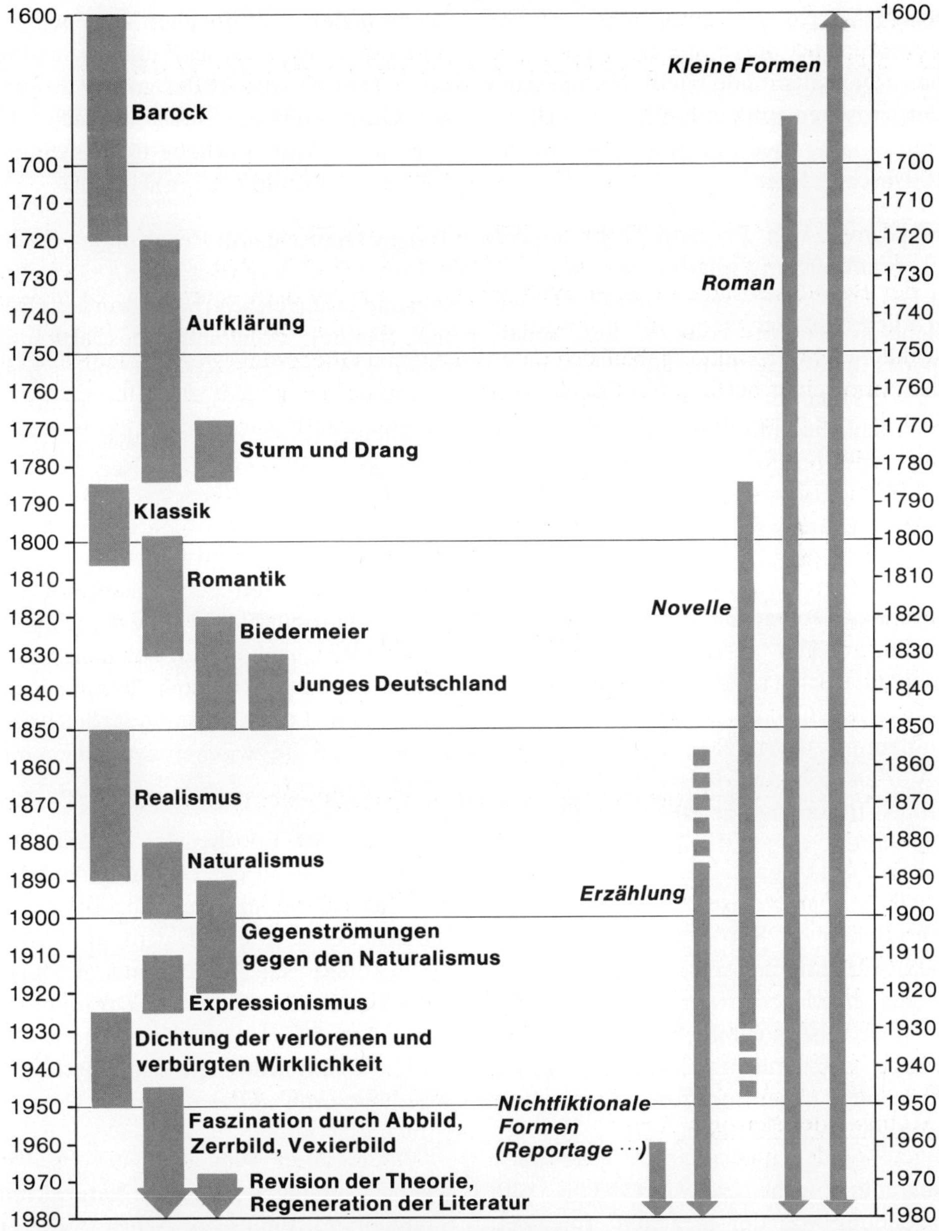


Die Epochenbegriffe sind auf S. 116f. erklärt.

**Barock:** Epoche von etwa 1600 bis 1720; gekennzeichnet durch die Spannung zwischen Diesseitsfreude und Jenseitssehnsucht, zwischen antiken Formen und christlichen Inhalten; Kulturzentren sind die absolutistischen Höfe.

**Aufklärung:** Von England (John Locke) und Frankreich (Voltaire, Montesquieu) auf Deutschland übergreifende Bewegung, welche die Idee der Toleranz, den Gedanken des Weltbürgertums und die Vorstellung von einer Herrschaft der Vernunft gegen kirchliche und fürstliche Bevormundung setzte; beeinflußte zwischen 1720 und 1785 die deutsche Literatur; Vorherrschen von Lehrdichtung sowie kritischen und satirischen Schriften.

**Sturm und Drang:** Epoche von 1767 (Erscheinen von Herders ‚Fragmenten über die neuere deutsche Literatur') bis 1785 (Beginn der Klassik); der Name geht auf einen Dramentitel zurück; das ‚Originalgenie' gilt als Vorbild höheren Menschen- und Künstlertums; Betonung der Phantasie- und Gemütskräfte.

**Klassik:** Epoche zwischen Goethes Reise nach Italien (1786) und Schillers Tod (1805); Orientierung am idealisierten Vorbild der griechischen Antike; Erziehungsziel ist die allseits gebildete Persönlichkeit, die sich der sittlichen Ordnung einfügt (‚Humanität'), bei der sich Verstand und Gefühl die Waage halten.

**Romantik:** Epoche etwa von 1798 bis 1830; Abwendung von der idealen Formenwelt der Klassik, Zuwendung zur Geschichte, vor allem des Mittelalters, zur volkstümlichen Literatur (Sage, Märchen, Lied), zur Nachtseite des Lebens (Träume, Phantastik, Tiefe des Gemüts); die künstlerische Existenz gilt mehr als das vollendete Werk.

**Biedermeier:** Schriftsteller zwischen 1820 und 1850; bescheidenes Leben in unpolitischer Haltung abseits der großen Ereignisse; Grundstimmung melancholisch, doch auch humorvoll; Vorliebe für das einfache Leben (Haus und Garten).

**Junges Deutschland:** Bezeichnung für jene Schriftsteller, deren Schriften 1835 in Preußen und Österreich verboten wurden (Büchner, Heine); Ablehnung des absolutistischen Staates, der Kirchen, der sozialen Konventionen; Streben nach politischer Meinungsfreiheit und sozialer Befreiung; Dichtung soll dem politischen Kampf dienen.

**Realismus:** Epoche etwa zwischen 1850 und 1890; Abkehr von der Klassik, bewußte Hinwendung zur Darstellung der zeitgenössischen Wirklichkeit, zu Themen, bei denen es um die Einordnung des einzelnen in die realen Lebensumstände, die soziale Umwelt, um die zwischenmenschlichen Beziehungen geht.

**Naturalismus:** Epoche von etwa 1880 bis 1900; Streben, in der Dichtung die soziale Wirklichkeit naturgetreu abzubilden; der darzustellende Mensch wird als Produkt aus Erbfaktoren, Milieu und geschichtlicher Situation verstanden; Zuwendung zu den Armen, Unterprivilegierten, vom Schicksal Benachteiligten; poetische Verwendung von Dialekt und Umgangssprache.

**Gegenströmungen gegen den Naturalismus:** Sammelbezeichnung für Schriftsteller, die ein Bewußtsein für die sich anbahnende Krise der bürgerlichen Kultur haben, im Unterschied zu den Naturalisten aber in kulturkritischer Distanz zur Demokratisierung der Künste bleiben (Stefan George, Hugo von Hofmannsthal, Ricarda Huch).

**Expressionismus:** Kunstrevolution in Deutschland zwischen 1910 und 1925, die alle Gebiete künstlerischen Schaffens erfaßte und die Befreiung des Menschen aus den Zwängen der verwalteten und technisierten Welt zum Ziel hatte; Zerbrechen der alten Formen, Suche nach neuen Ausdrucksmöglichkeiten, Sprachexperimente, Collagen.

**Dichtung der verlorenen und verbürgten Wirklichkeit:** Sammelbezeichnung für die Literatur nach dem Expressionismus von 1925 bis 1950, einsetzend mit den nachgelassenen Werken Kafkas (gest. 1924), Thomas Manns ‚Zauberberg' (1924) und Döblins ‚Berlin Alexanderplatz' (1929); zu dieser Epoche werden so unterschiedliche Autoren wie Hans Carossa, Hermann Hesse, Anna Seghers, Ernst Jünger, Robert Musil (‚Der Mann ohne Eigenschaften' 1930), Joseph Roth (‚Hiob' 1930) u. a. gerechnet; auch ist schwer zu unterscheiden, wer von ihnen die Wirklichkeit bereits ‚verloren' hat und wer sie noch ‚verbürgt'.

**Faszination durch Abbild, Zerrbild, Vexierbild:** Sammelbezeichnung für die Literatur nach 1945, einsetzend mit der sogenannten ‚Trümmerliteratur' (Kurzgeschichten von Wolfgang Borchert, Heinrich Böll); die Begriffe ‚Abbild' und ‚Zerrbild' sind mehr auf die Erzähltechnik abgestellt (Realistisches Erzählen: Alfred Andersch, Hans Erich Nossack – Montage unterschiedlicher Erzählperspektiven: Max Frisch, Günter Grass, Uwe Johnson), während der Begriff ‚Vexierbild' auf die hermetische Lyrik mit ihren absoluten Chiffren gemünzt ist (Ingeborg Bachmann, Gottfried Benn, Paul Celan).

**Revision der Theorie, Regeneration der Literatur:** Der Versuch, die neueste Literatur auf einen Epochenbegriff zu bringen, orientiert sich an dem Stichjahr 1968, in dem im KURSBUCH 15 das Ende der Literatur wegen ihrer „politischen Harmlosigkeit" (Hans Magnus Enzensberger) verkündet wurde. Da jedoch die Literatur weiterging, können hier u. a. Autoren wie Siegfried Lenz (Deutschstunde 1968), Jurek Becker (Jakob der Lügner 1969), Ulrich Plenzdorf (Die neuen Leiden des jungen W. 1972), Peter Schneider (Lenz 1973), Gabriele Wohmann, Martin Walser, Ingeborg Drewitz angeführt werden.

# Weiterführende Literatur


Mario Andreotti: Die Struktur der modernen Literatur, UTB 1127, Bern und Stuttgart: Paul Haupt 1983

Heinz Ludwig Arnold, Volker Sinemus (Hg.): Grundzüge der Literatur- und Sprachwissenschaft, Band 1: Literaturwissenschaft, dtv WR 4226, München: Deutscher Taschenbuch Verlag, 4. Aufl. 1976 (darin Jochen Vogt: Bauelemente erzählender Texte, S. 227–242 und: Erzählende Texte, S. 285–302)

Otto F. Best: Handbuch literarischer Fachbegriffe. Definitionen und Beispiele, überarbeitete und erweiterte Ausgabe, Fischer Taschenbuch 6478, Frankfurt am Main 1983

Ivo Braak: Poetik in Stichworten. Literaturwissenschaftliche Grundbegriffe, 6., überarbeitete und erweiterte Auflage, Kiel: Hirt 1980

Helmut Brackert, Eberhard Lämmert:
- Funk-Kolleg Literatur 1, Fischer Taschenbuch 6326, Frankfurt am Main 1982
- Funk-Kolleg Literatur 2, Fischer Taschenbuch 6327, Frankfurt am Main 1981
- Reader zum Funk-Kolleg Literatur 1, Fischer Taschenbuch 6324, Frankfurt am Main 1976
- Reader zum Funk-Kolleg Literatur 2, Fischer Taschenbuch 6325, Frankfurt am Main 1977

Manfred Durzak: Der deutsche Roman der Gegenwart, 3. erweiterte und veränderte Auflage, Stuttgart: Kohlhammer 1979

Herbert A. und Elisabeth Frenzel: Daten deutscher Dichtung. Chronologischer Abriß der deutschen Literaturgeschichte
- Band 1: Von den Anfängen bis zum Jungen Deutschland, dtv 3003, 19. Aufl., München: Deutscher Taschenbuch Verlag 1981
- Band 2: Vom Realismus bis zur Gegenwart, dtv 3004, 20. Auflage, München: Deutscher Taschenbuch Verlag 1982

Käte Hamburger: Die Logik der Dichtung, Ungekürzte Ausgabe nach der 3. Auflage 1977, Klett-Cotta im Ullstein Taschenbuch 39007, Berlin 1980

Otto Knörrich (Hg.): Formen der Literatur in Einzeldarstellungen, Kröners Taschenausgabe Band 478, Stuttgart 1981

Gerhard Köpf (Hg.): Studientexte für die Kollegstufe
- Gerhard Köpf, Helmut Popp: Erzählen 1 (Erzähltheorie), München: Oldenbourg 1978
- Gerhard Köpf: Erzählen 2 (Kurzprosa), München: Oldenbourg 1979
- Gerhard Köpf: Erzählen 3 (Roman), München: Oldenbourg 1979

Eberhard Lämmert: Bauformen des Erzählens, 7., unveränderte Auflage, Stuttgart: Metzler 1980

Hans-Werner Ludwig (Hg.): Arbeitsbuch Romananalyse, Tübingen: Gunter Narr 1982

Karl Migner: Theorie des modernen Romans. Eine Einführung, Kröners Taschenausgabe Band 395, Stuttgart 1970
Klaus Müller-Dyes: Literarische Gattungen. Lyrik, Epik, Dramatik, Freiburg i. B.: Herder 1978

Horst Dieter Schlosser: dtv-Atlas zur deutschen Literatur. Tafeln und Texte, dtv 3219, München: Deutscher Taschenbuch Verlag 1983
Günther u. Irmgard Schweikle (Hg.): Metzler Literatur Lexikon. Stichwörter der Weltliteratur, Stuttgart 1984
Franz K. Stanzel: Typische Formen des Romans, Kleine Vandenhoeck-Reihe 1187, 9. Auflage, Göttingen 1979
Karl Stocker (Hg.): Literatur der Moderne im Deutschunterricht, Königstein/Ts.: Scriptor 1982

Gero von Wilpert: Sachwörterbuch der Literatur, Kröners Taschenausgabe Band 231, 6., verbesserte und erweiterte Auflage, Stuttgart 1979

Jochen Vogt: Aspekte erzählender Prosa, Opladen: Westdeutscher Verlag, 4. Aufl. 1979

Viktor Žmegač, Zdenko Škreb, Ljerka Sekulić: Geschichte der deutschen Literatur. Von den Anfängen bis zur Gegenwart, Königstein/Ts.: Scriptor 1981

# Stichwortverzeichnis